Verweyen

Der Verkäufer der Zukunft –
Vom Drücker zum Beziehungsmanager und Teamplayer

Alexander Verweyen

Der Verkäufer der Zukunft – Vom Drücker zum Beziehungsmanager und Teamplayer

GABLER

Die Deutsche Bibliothek – CIP-Einheitsaufnahme

> **Verweyen, Alexander:**
> Der Verkäufer der Zukunft : vom Drücker zum
> Beziehungsmanager und Teamplayer / Alexander
> Verweyen. – Wiesbaden : Gabler, 1997
>   ISBN 978-3-322-91137-7   ISBN 978-3-322-91136-0 (eBook)
>   DOI 10.1007/978-3-322-91136-0

Der Gabler Verlag ist ein Unternehmen der Bertelsmann Fachinformation.

© Betriebswirtschaftlicher Verlag Dr. Th. Gabler GmbH, Wiesbaden 1997
Softcover reprint of the hardcover 1st edition 1997
Lektorat: Manuela Eckstein

 Das Werk einschließlich aller seiner Teile ist urheberrechtlich geschützt. Jede Verwertung außerhalb der engen Grenzen des Urheberrechtsgesetzes ist ohne Zustimmung des Verlages unzulässig und strafbar. Das gilt insbesondere für Vervielfältigungen, Übersetzungen, Mikroverfilmungen und die Einspeicherung und Verarbeitung in elektronischen Systemen.

http://www.gabler-online.de

Höchste inhaltliche und technische Qualität unserer Produkte ist unser Ziel. Bei der Produktion und Verbreitung unserer Bücher wollen wir die Umwelt schonen: Dieses Buch ist auf säurefreiem und chlorfrei gebleichtem Papier gedruckt. Die Einschweißfolie besteht aus Polyäthylen und damit aus organischen Grundstoffen, die weder bei der Herstellung noch bei der Verbrennung Schadstoffe freisetzen.

Die Wiedergabe von Gebrauchsnamen, Handelsnamen, Warenbezeichnungen usw. in diesem Werk berechtigt auch ohne besondere Kennzeichnung nicht zu der Annahme, daß solche Namen im Sinne der Warenzeichen- und Markenschutz-Gesetzgebung als frei zu betrachten wären und daher von jedermann benutzt werden dürften.

Umschlaggestaltung: Schrimpf und Partner, Wiesbaden

ISBN 978-3-322-91137-7

Vorwort

Kundennähe, Kundenorientierung, Customer Focus und ähnlich lauten die Schlagworte, die die Unternehmensszene aktuell bestimmen. Ausgetüftelte Formen der Unternehmensorganisation wie Reengineering-Konzepte und Geschäftsprozeßoptimierung sollen dabei helfen, die entsprechenden Anforderungen umzusetzen. Doch regelmäßig bleiben die gewünschten Erfolge aus. Warum? Ganz einfach: Allzuoft wird bei den Programmen zur Steigerung der Kundennähe derjenige vergessen, der den Kunden am nächsten steht: *der Verkäufer*. Wenn sich der Verkäufer aber nicht ändert, bewirken auch die besten organisatorischen Konzepte wenig, denn der Verkäufer repräsentiert das Unternehmen, er ist der dirkete Ansprechpartner für die Kunden, er ist das Bindeglied zwischen Unternehmen und Markt.

Kundennähe kann letzten Endes nur durch den Verkäufer im direkten Kontakt mit den Kunden realisiert werden.

Stellen Sie sich einmal vor, Sie stecken eine immense Summe Geld in ein Organisationsentwicklungsprogramm, Ihr Marketing entspricht dem aktuellen State of the Art, aber Ihr Außendienst „funktioniert" wie eh und je: „Einzelkämpfer" machen sich auf den Weg, um durch standardisierte Vorgehensweisen den „König Kunde" an seiner Monarchenwürde zweifeln zu lassen. Schade eigentlich um die hohen Investitionskosten. Etwas boshaft kann man sagen, daß die Verbesserung der Organisationsabläufe ohne die entsprechende Entwicklung der Verkaufsmannschaft dafür sorgt, daß der Kunde einfach schneller und effektiver verstimmt und vergrault wird.

Hiervor will Sie dieses Buch bewahren, denn in seinem Mittelpunkt steht der Verkäufer.

Verkäufer sehen sich großen Herausforderungen und veränderten Anforderungen gegenüber. Gefragt ist deshalb der neue Verkäufer. Dieser plakative Begriff soll signalisieren, daß in der Aus- und Weiterbildung von Verkäufern endlich etwas passieren muß, daß neue Leistungsfaktoren und Verhaltensweisen vermittelt werden müssen – so zählt zum Beispiel der klassische Einzelkämpfer bald schon zu den Auslaufmodellen, mehr und mehr ist der Teamworker gefragt. Doch dazu später mehr.

Gesucht wird also der neue Verkäufer – das Adjektiv „neu" soll jedoch *nicht* signalisieren, daß Sie als altgedienter Verkaufsprofi sich einen neuen Job suchen müssen, um dem Verkäufer der Zukunft Platz zu machen. Im Gegenteil: Dieses Buch will Sie dazu auffordern und motivieren, Ihre Entwicklungspotentiale zu aktivieren, es möchte für anstehende Probleme sensibilisieren und praktikable Lösungen bieten. Der „neue" Verkäufer ist auch der „alte" Verkäufer, der gelernt hat, sich den veränderten Aufgaben zu stellen und die Chancen, die der Wandel von Markt- und Unternehmenslandschaften bietet, zu ergreifen.

Inhaltsverzeichnis

Vorwort 5
Vom Drücker zum Beziehungsmanager
und Teamplayer 11

**Kapitel I: Herausforderungen
für den Verkäufer der Zukunft** **17**
Internationalisierung 19
   Die Welt als Dorf 19
   Die „drei Nähen" des Verkäufers 20
   Think Global 21
   Die Kultur des Kunden kennen 22
Fragmentierung der Märkte 24
„Schnelle" und komplexe Produkte 27
Im Mittelpunkt der Markt 28
   Der Trend zur Dienstleistung 28
   König Kunde! 28
   König Kunde? 29
   Die selbstverschuldete Servicewüste 30
   Es muß auch anders gehen 38
   Unternehmensorganisation im Umbruch 39
   Es gibt viel zu tun 40

**Kapitel II: Multitalent Verkäufer –
Die persönlichen Kompetenzen für den Erfolg** **43**
Ein exemplarisches Tätigkeitsprofil 45
Vier Verkäufertypen 47
   Drei „Auslaufmodelle" 47
   ... und ein „Modell" mit Zukunft 49
Das richtige Selbstverständnis als Verkäufer 52
   Den Abschluß im Fokus 52
   „Ja" zur Verkäuferrolle sagen 54
   Rollenprobleme aufspüren 55
   Jeder im Unternehmen ist Verkäufer 57
Das persönliche Leistungsprofil
der neuen Verkäufergeneration 58
   Abschlußstark durch Selbstbewußtsein 58

Unternehmenskonformes Erscheinungsbild 59
Höflichkeit: Eine Tugend am Hof von König Kunde 60
Die Sprache des Kunden sprechen 62
Den Kunden überzeugen, nicht überreden 63
Mit positiver Ausstrahlung zu positiven Kundenkontakten 64
Durchsetzungsvermögen und Biß 65
Partnerschaftlichkeit gleich Kundenfreundlichkeit 66
Konfliktfähigkeit 70
Kompromißfähigkeit: Das Sieger-Sieger-Prinzip 71
Teamgeist und Toleranz 72
Durchhaltevermögen: Der Verkäufer als Marathonläufer.. 73
Durch Engagement zum internen Unternehmer 74
Belastbarkeit: Knochenjob Verkaufen 75
Mißerfolgstoleranz: Auf die Erfolge konzentrieren 77
Einzelkämpferfähigkeiten: Auch solo zum Erfolg 78
Entscheidungsfreude: Nicht zögern, sondern handeln 79
Dienstleistungsorientierung: Dem Kunden helfen wollen . 80
Wie sieht Ihr Leistungsprofil aus? 82

**Kapitel III: Neue Verkäufer haben System –
Visionen, Zeit und der Kunde** **85**
Gezielt zum Kunden und zum Erfolg 87
Den Erfolg im Visier 87
Visionen und Ziele formulieren 88
Visionen als Kompaß 92
Visionen motivieren 93
Mehr Zeit für den Kunden:
Zeit- und Selbstmanagement 96
Zeit – eine wertvolle Ressource 96
Wo ist die Zeit geblieben? 98
Mehr aktive Verkaufszeit durch Tourenplanung 109
Kundenorientierte Besuchsvorbereitung 112
Die Analysephase: Der Verkäufer als Marktforscher 113
Die Zielsetzungsphase: Der Verkäufer
als Unternehmensberater 115
Die Strategiephase: Der Verkäufer als Kommunikator 116
Die Nachbereitungsphase: Der Verkäufer als Controller . 118

**Kapitel IV: Emotional Selling –
Kundenindividuelles Beziehungsmanagement......119**
Kundenkontakte mit Herz und Verstand........................121
   Personal Selling und die verschiedenen Intelligenzen.....121
   Haben Sie Ihre Gefühle im Griff?............................124
   Der Verkäufer mit Gefühl für sich selbst ... .126
   ... und für seine Kunden....................................127
   Vorsicht, Wahrnehmungsfalle!...............................130
Den Kunden motivieren...140
   Primäre Motivation – der beste Weg
   zur Begeisterung des Kunden.................................140
   Die fünf Grundbedürfnisse Ihrer Kunden..................142
   So motivieren Sie die einzelnen „Typen" richtig...........148
Emotional Talk: Die nonverbale Kommunikation..............159
   Das nonverbale Dementi.....................................159
   Der „Kanal" für Einstellungen und Gefühle................160
   Situationsmanagement ohne Worte........................162
   Imagemanagement..163
   Der „konsistente" Kunde 168

Kapitel V: Verkäufer im Team........................171
Team-Selling...173
Einer für alle 175
   Gemeinsame Ziele, gemeinsame Werte,
   gemeinsame Normen..175
   Von Angesicht zu Angesicht.................................177
   „We are the Champions" –
   Die Phasen des Team-Building.............................178
Warum der Trend zum Team?....................................180
   Stabilität durch soziales Umfeld............................180
   Leistungsplus..180
   Gebündelte Fähigkeiten....................................181
   Probleme? – Nicht für gute Teams........................182
   Fit durch Feedback..183
   Geborgenheit in der Gruppe 183
   Ich sehe was, das du nicht siehst..........................183

Die Tücken von Teamwork 185
   Das Team als Insel 185
   Team-Zwang...185
   Marathon-Diskussionen 186
   No risk, no fun 186
Talk im Team 188
   Kommunikationsnetze..188
   Wie offen kommuniziert das Team: Johari-Fenster 189
   Wer kann mit wem: Soziogramme 194
Der Weg zur Konfliktkultur....................................197

Kapitel VI: Das kundenorientierte Umfeld
für Verkaufserfolge..199
Der verkaufsaktive Innendienst................................201
   Verkäufer und Innendienst: An einem Strang ziehen 201
   Die Aufgaben des neuen Innendienstverkäufers...........202
   Telefonmarketing..210
   Aktives Beschwerdemanagement 211
Die Verkaufskultur...212
   Bindemittel für dezentrale Strukturen......................212
   Verkaufskultur als Chefsache...............................213
   Mehrwert durch Kultur 214
Schlußbemerkung 215
Anmerkungen...217
Literaturverzeichnis 219
Der Autor 221

Vom Drücker zum Beziehungsmanager und Teamplayer

„Der Verkäufer ist tot, es lebe der Verkäufer!" Mit diesem Ausruf könnte man, zugegeben etwas überspitzt, die Lage skizzieren, in der sich „der Verkäufer" heute befindet. Verkaufen hat heute kaum mehr etwas zu tun mit dem Verkaufen gestern, und morgen wird sich ein nochmals völlig anderes Bild des Verkaufens und des Verkäufers ergeben.

Die Rahmenbedingungen, die dem Verkäufer seine neue Funktion zuweisen, sind durch verschiedene Faktoren geprägt, die sich zu zwei Megafaktoren zusammenfassen lassen: *Komplexität* und *Dynamik*. Komplexität bedeutet, daß sich die Umwelt von Unternehmen permanent wandelt und daß die Märkte, in denen Unternehmen auftreten, ständigen Veränderungsprozessen unterworfen sind. Dynamik bedeutet, daß dieser permanente Wandel so rasant vonstatten geht, daß mit traditionellen Methoden, mit dem herkömmlichen Verkäuferverhalten kein Rennen um neue Märkte und Kunden gewonnen werden kann.

Komplexität und Dynamik sind die Faktoren, die die Anforderungen an den Verkäufer der Zukunft bestimmen.

Ein Schlüsselelement, um Komplexität und Dynamik managen zu können, ist *Information*. Unternehmen müssen wissen, wie sich Märkte verändern, sie müssen darüber informiert sein, wie sich Kundenwünsche entwickeln werden, und das Sensorium, das die entsprechenden Informationen zur Verfügung stellt, sind eben die Verkäufer. Ob im Endverbraucher- oder im Business-to-Business-Bereich: Der Verkäufer ist derjenige, der direkt mit dem Kunden kommuniziert, er ist derjenige, der Kundenwünsche aus erster Hand erhält, er ist derjenige, der seinem Unternehmen die entsprechenden Trends signalisieren kann. Er ist also ein unschätzbarer Informationslieferant seines *Arbeitgebers*. Er ist aber natürlich auch derjenige, der seine *Kunden* mit Informationen versorgt. Auch die Kunden müssen sich in komplexen und dynamischen Märkten zurechtfinden, sie sind deshalb ebenfalls auf den Produktionsfaktor des nächsten Jahrtausends angewiesen: Information.

Die Funktion des Verkäufers als Informationsmanager bestimmt maßgeblich sein zukünftiges Aufgabenspektrum.

Kunden erwarten mehr und mehr, daß Verkäufer durch Informationsdienstleistungen ihre eigene Handlungsfähigkeit erhöhen.

Der Kunde will nicht mehr nur ein technisches Produkt erwerben, er will *wissen*. Er will wissen, welche Wertschöpfung für ihn mit diesem Produkt verbunden ist, er will wissen, wie er sich mit diesem Produkt im Feld seiner Wettbewerber besser positionieren kann, er will wissen, welche technologischen Trends diesem Produkt auch in Zukunft zu einer Vorteilsposition verhelfen. Der gestiegene Informationsbedarf auf seiten des eigenen Unternehmens und auf seiten des Kunden wird das Berufsbild des Verkäufers wesentlich beeinflussen. Es wird nicht mehr ausreichen, in Verkaufsgesprächen bloße Produktdaten herunterzubeten. Kunden erwarten fundierte Beratungsleistungen. Der Verkäufer wird sich deshalb vom Produktverkäufer zum Dienstleistungsverkäufer wandeln müssen, er wird zum Unternehmensberater.

Als Unternehmensberater und „Problem Solver" steht er keinem abstrakten Gebilde gegenüber, das Geschäft wird nach wie vor von Mensch zu Mensch gemacht. Doch der Kunde ist selbstbewußter geworden, und er kennt sich aus. Kaum ein Kunde läßt sich heute noch durch abgedroschene Verkaufsphrasen über den Tisch ziehen. Standardverkaufsgespräche wird es in Zukunft immer weniger geben. Im Mittelpunkt wird das kundenindividuelle Beratungsgespräch stehen, denn dies ist die Drehscheibe für den Informationsaustausch zwischen Unternehmen und Kunden. Der Verkäufer wird zum Kommunikator.

Die Fähigkeit, kundenindividuell zu kommunizieren, wird zu einer Kernkompetenz des Verkäufers der Zukunft.

Seine Fähigkeit, Kundengespräche zu seinem Vorteil zu führen, wird ein Erfolgsfaktor des Verkäufers der Zukunft werden. Um dies leisten zu können, muß er ein Gefühl für Gesprächssituationen entwikkeln. Er muß seinen Gesprächspartner richtig einschätzen können, und er muß sich selbst im Griff haben, um alle seine Vorteile wahren zu können. Diese Fähigkeit, sowohl ein Gefühl für den Gesprächspartner als auch für sich selbst und die gesamte Gesprächssituation zu entwickeln, entspricht der emotionalen Intelligenz, die in der psychologischen Fachliteratur als ein wesentliches Merkmal erfolgreicher Manager und Verkäufer angesehen wird. Die Fähigkeit, Interaktion meisterhaft zu beherrschen, wird dem neuen Verkäufer nicht nur in direkten Kundengesprächen abverlangt. Auch im eigenen Unternehmen wird er zunehmend auf seine kommunikative Kompetenz angewiesen sein. Denn die Anforderung an Unternehmen, schnell auf sich verändernde Märkte zu reagieren, wird zunehmend zu eigenverantwortlichen Teamstrukturen führen, in die sich der Verkäufer effektiv einbringen muß.

Das vorliegende Buch skizziert diese dargestellte Linie. Es zeigt, wie sich die Umwelt von Unternehmen geändert hat und wie sich entsprechend die Unternehmen selbst ändern werden. Es verdeutlicht, wie sich die Anforderungen an den Verkäufer wandeln werden, welche Funktionen er in Zukunft übernehmen wird und über welche Kompetenzen er verfügen muß. Die einzelnen Kapitel spannen dabei einen weiten Bogen, der vom Leistungsprofil des neuen Verkäufers, über die Beziehung Verkäufer – Kunde, den Verkäufer im Team und den Verkäufer im Unternehmen reicht:

Kapitel I: Im ersten Teil wird skizziert, wie die Veränderungen, denen Markt und Unternehmen unterworfen sind, auch den Beruf des Verkäufers beeinflussen werden: Internationaliserung, die Fragmentierung der Märkte und zunehmend komplexere Produkte, die in immer kürzerer Zeit auf den Markt geworfen werden, stellen hohe Anforderungen an die Kompetenzen des Verkäufers, ebenso die Tendenz zu Dienstleistungs- und Kundenorientierung sowie die Reorganisationsmaßnahmen von Unternehmen, die schnell und flexibel auf die geänderten Anforderungen des Marktes reagieren wollen.

Kapitel II: Im zweiten Teil wird das persönliche Leistungsprofil entworfen, über das Sie als Verkäufer verfügen müssen, wenn Sie den geänderten Rahmenbedingungen erfolgreich begegnen wollen. Als erstes wird dabei deutlich gemacht, daß Verkaufen im Kopf beginnt, daß Sie über das richtige Selbstverständnis verfügen müssen, daß Sie „ja" zu Ihrer Verkäuferrolle sagen müssen. Anschließend werden die einzelnen Komponenten des persönlichen Leistungsprofils des neuen Verkäufers skizziert. Hierzu gehören Durchsetzungsvermögen und Überzeugungskraft genauso wie Kooperationsfähigkeit und Kompromißfähigkeit oder Mißerfolgstoleranz und Dienstleistungsorientierung.

Kapitel III: Ein verkaufsorientiertes Persönlichkeitsprofil allein reicht jedoch nicht aus, um in hart umkämpften Märkten bestehen zu können. Die persönlichen Kompetenzen des Verkäufers müssen durch systematische Arbeitstechniken ergänzt werden. Durch die Anforderung, die aktive Verkaufszeit zu erhöhen und gezielt zu nutzen, rücken die rationelle Zielformulierung, das Zeit- beziehungsweise Selbstmanagement sowie die kundenindividuelle Gesprächsvorbereitung in den Mittelpunkt der Tools, die der Verkäufer der Zukunft beherrschen muß. Es wird gezeigt, wie diese Werkzeuge systematisch eingesetzt werden können, um die Basis für erfolgreiches Verkaufen zu schaffen.

Kapitel IV: Das Verkaufen selbst findet, wie gesagt, von Mensch zu Mensch statt. Doch der Mensch „Kunde" wird zunehmend anspruchsvoller, die Verkäufer-Kunde-Beziehung immer schwieriger. Der Verkäufer der Zukunft muß sich von plumpen und stereotypen Kundengesprächen verabschieden. Sein Ziel ist es, sich individuell auf jeden Kunden und auf jedes Verkaufsgespräch einzustellen. „Verkaufen mit Gefühl für den Kunden und die Verkaufssituation", lautet die Devise. „Emotional Selling" – das Verkaufen mit Herz und Verstand – ist deshalb einer der wichtigsten Erfolgsfaktoren für den Verkäufer der Zukunft. Es wird gezeigt, welche Faktoren ein solches Emotional Selling bestimmen, wie Sie durch bewußte Wahrnehmung des Kunden und auch Ihres eigenen Gefühlshaushalts Wahrnehmungsfallen im Kundengespräch meistern können, wie Kunden mit Herz und Verstand begeistert und motiviert werden können und wie Sie durch die Beherrschung des Emotional Talk, der nonverbalen Kommunikation, Verkaufssituationen managen können.

Kapitel V: Der Verkäufer der Zukunft wird jedoch nicht nur ein einfühlsamer Beziehungsmanager sein müssen, was den Umgang mit Kunden angeht, auch das Arbeiten in Teamstrukturen wird eine der wesentlichen Herausforderungen sein. Es wird skizziert, was ein Team zum Team macht, über welche Leistungspotentiale Verkaufsteams verfügen und welche Tücken das Teamwork bietet. Anschließend wird gezeigt, wodurch sich der „Talk im Team" von der Face-to-face-Kommunikation unterscheidet und warum Konflikte für die Teamarbeit wichtig sind.

Kapitel VI: Der Verkäufer der Zukunft kann das dargestellte Leistungspotential nur entfalten, wenn er in ein verkaufsorientiertes Unternehmen eingebunden ist. Hierzu gehört ein verkaufsaktiver Innendienst genauso wie eine verkaufsorientierte Unternehmenskultur – Erfolgsfaktoren, die mit Blick auf den Verkäufer entwickelt werden.

Das Buch entwirft also ein facettenreiches Bild des Verkäufers der Zukunft, wobei immer wieder deutlich wird: *Verkäufer müssen sich von Drückerstrategien verabschieden und sich zu Beziehungsmanagern und Teamplayern entwickeln.* Nur so können sie den Herausforderungen, die die Zukunft bringen wird, erfolgreich begegnen.

Kapitel I

Herausforderungen für den Verkäufer der Zukunft

In diesem Kapitel erfahren Sie, welche Trends und Tendenzen die Unternehmenswelt und somit auch die Anforderungen an den Verkäufer der Zukunft prägen werden. Zu diesen Faktoren gehören die Internationalisierung und die Fragmentierung der Märkte genauso wie kürzere Produktlebenszyklen, der Trend zu besseren und umfassenderen Dienstleistungen und unternehmensbezogene Reorganisationsmaßnahmen.

Internationalisierung

Verkäufer bewegen sich in einem extrem sensiblen Bereich: an der Schnittstelle zwischen ihrem Unternehmen und dem Markt. Ihr Anforderungsprofil leitet sich deshalb auch aus den Eigenschaften dieser beiden Bereiche ab. Und beide sind ständig in Bewegung. Um den Verkäufer der Zukunft skizzieren zu können, ist es deshalb unabdingbar, seine Umfelder *Unternehmen* und *Markt* zu betrachten.

Die Welt als Dorf

Die Welt ist ein Dorf. Dies wird uns immer dann in aller Härte bewußt, wenn wir unserem Alltag, allen unseren Verwandten, Freunden und Bekannten entfliehen wollen, um auf einer traumhaften Südseeinsel nur mit unserem Partner zusammen, unsere im Verkäuferalltag ramponierte innere Ruhe wiederzufinden. Diese Idylle wird jäh zerstört, wenn uns die Konsequenzen der Internationalisierung, der Welt ohne Grenzen, in Form eines Nachbarn, der ebenfalls Ruhe und Abgeschiedenheit sucht, entgegentreten. Mit einem lauten: „Ja ist es denn möglich, Ihr auch hier!" läßt er alle Urlaubsträume wie Seifenblasen zerplatzen. Mit unerbittlicher Härte wird uns dann bewußt: Die Welt ist schlecht und vor allem – sie ist klein. Die Strecke Frankfurt–Mauritius ist ein Spaziergang, Raum und Zeit werden zu vernachlässigbaren Größen. Die verschwindende Bedeutung von Raum und Zeit, der beiden Parameter, die über Jahrtausende unser Bild der Welt bestimmten, beeinflußt als elementarer Trend unser gesamtes Leben, insbesondere auch das Wirtschaftsleben und Marktgeschehen.

Die „drei Nähen" des Verkäufers

Doch Internationalisierung und Globalisierung sind keine Erfindung der Neuzeit. Die Kontinente rückten schon durch die Gründung der antiken Weltreiche zusammen, sie wurde fortgesetzt durch die Weltumsegelungen, durch die Suche nach neuen Handelswegen, durch die Eroberung neuer Märkte in Ostasien durch die Portugiesen oder durch die Entdeckung Amerikas durch Christoph Columbus. Wurden damals materielle Güter in oft monatelangen Reisen über die alten Handelsrouten transportiert, ist es heute das immer wichtiger werdende Gut Information, das in Sekundenbruchteilen auf den Information Highways die gesamte Welt umreist. Unternehmen, die sich der entsprechenden neuen Informations- und Kommunikationstechnologien bedienen, werden zu Global Players und – das ist entscheidend – unabhängig von ihrer Unternehmensgröße. Verkäufer, die in einem Hinterhofdenken gefangen sind, haben auf diesen Märkten nichts zu suchen.

Beispiel hierfür ist ein Miniunternehmen, das gewissermaßen aus einer Zweizimmerwohnung heraus den internationalen Immobilienmarkt aufmischt. Die Jungunternehmer bedienen sich des Informationsdistributors Internet. Sie nehmen weltweit Angebote entgegen und stellen die entsprechenden Informationen im Internet auf Abruf zur Verfügung, ebenfalls weltweit. Minimaler Aufwand mit maximalem Nutzen.

Wie die zunehmende Technisierung die Räume enger machte, beschreibt der Star-Architekt Paul Virilio mit seinem „Gesetz der Nähe". Er unterscheidet dabei drei „Nähen", die auch für den sich entwickelnden Aktionsradius von Verkäufern charakteristisch sind. Der erste Bereich ist die „unmittelbare Nähe". Die Distanz dieses Bereichs beträgt zirka 40 Kilometer und kann per pedes in ein paar

Stunden durchschritten werden – der Aktionsradius (ohne „nomadischen" Standortwechsel) des nichtmotorisierten Verkäufers.

Die zunehmende Technisierung prägt die Welt des Verkäufers der Zukunft.

„Die Dörfer und die ersten Städte sind von diesen Raumverhältnissen strukturiert worden. Der Bauer verkaufte seine Produkte auf dem Markt", wird Virilio zitiert.[1] Die Technik entwickelte sich, und motorisierte Fahrzeuge wie die Lokomotive und vor allem auch das Auto und das Flugzeug ließen weit umfassendere Aktionsradien zu: den Bereich der „technischen Nähe" – der Aktionsradius des modernen Verkäufers. Die technische Nähe umfaßt grundsätzlich bereits den gesamten Erdball, die Geschwindigkeit der Transportmittel setzt der Mobilität aber dennoch enge Grenzen, was ein globales Agieren anbelangt. Nicht so die dritte Nähe, die „elektromagnetische Nähe". Dies ist der Bereich der absoluten Geschwindigkeit der Telekommunikationstechnologie, der Verkäufern grundsätzlich eine weltweite „Telepräsenz" beschert.

Think Global

Die Kommunikations- und Informationstechnologie läßt auch völlig neue Formen der Unternehmensorganisation zu: Geforscht und entwickelt wird in den USA, produziert wird in Indien, die Vertriebszentrale hat ihren Sitz in Deutschland. Das Internet kennt keine räumlichen Grenzen, es läßt somit auch die Frage von Standort und Infrastruktur zunehmend unbedeutender werden. Gut für Entwicklungsländer: Sie müssen nicht unbedingt voll entwickelte Verkehrswege aufweisen, um zu erfolgreichen Wirtschaftsnationen werden zu können. Der Faktor, der jedoch entscheidend werden wird, ist Bildung. Indien, zum Beispiel, konnte es mit Hilfe qualifizierter Fachkräfte schaffen, zu einem weltweit hervorragend plazierten Software-Exporteur zu werden. Der Satz, „Wissen ist Macht", beweist auch hier wieder einmal seine Richtigkeit. Jeder Verkäufer sollte also seine Europakarte von der Wand abnehmen und sich statt dessen einen Globus auf den Tisch stellen – einen Globus als Symbol für das Denken in globalen Zusammenhängen.

Die Internationaliserung macht die Märkte eng.

Ein Verkäufer verfahrenstechnischer Anlagen, der lediglich den Absatzmarkt Deutschland ins Auge faßt, bietet ein Bild des Mitleids. Sogar Europa als Verkaufsgebiet wirft nicht die erforderlichen Umsätze ab, denn es gilt: Mit den Räumen werden auch die Märkte eng. Ein guter Vertriebsingenieur muß in München genauso zu Hause sein wie in Helsinki, in Djakarta genauso wie in Frankfurt. Die Anbieter von Sprachkursen für Manager haben deshalb Konjunktur.

Um den Anforderungen, die die Internationalisierung mit sich bringt, besser bewältigen zu können, suchen viele Unternehmen auch nach Führungskräften mit Auslandserfahrung. Der Vertriebschef eines international agierenden Unternehmens, der nicht über die entsprechenden Referenzen verfügt, gehört eher zu den Auslaufmodellen. Die Forderung, die Sprache des Kunden zu sprechen, steht hier ohne jede Metaphorik ganz für sich. Zumindest die Verkehrssprachen Französisch und Englisch sollten, wie es so schön heißt, verhandlungssicher sitzen.

Die Kultur des Kunden kennen

Was aber genausogut sitzen sollte wie die die jeweilige Landes- oder Verkehrssprache, sind die Kenntnisse in bezug auf die Kultur des Kunden. Der bereits erwähnte Vertriebsingenieur weiß genau: Wenn seine besten Kunden aus Helsinki anrücken, um das nächste große

Projekt zu planen, muß er sich auf eine lange Nacht gefaßt machen. Hier soll natürlich nicht propagiert werden, Trinkfestigkeit in das Anforderungsprofil für Vertriebsingenieure aufzunehmen, es geht einfach darum, Verkäufer für die spezifische Kultur, die jeweiligen Verhaltensformen ihrer Kunden zu sensibilisieren.

Ohne die Kenntnis der Kultur des Kunden ist keine echte Kundenorientierung möglich.

Die Fähigkeit, mit der Kultur des Kunden umgehen zu können, signalisiert diesem zwei wesentliche Dinge: Der Verkäufer ist einer von uns oder versucht zumindest, uns zu verstehen. Das Verstehen der Kundenkultur ist ein wesentliches Element der Kundenorientierung und der Kundennähe. Verkäufer, die auf der internationalen Bühne zugange sind, müssen dabei stets beachten, daß ihre Ansprechpartner in mehrere kulturelle Systeme eingebunden sind: die nationale, gesellschaftliche Kultur und die spezifische Unternehmenskultur des betreffenden Kunden. Auch in einem konservativen Land gibt es innovative und offene Unternehmen, die entsprechend angesprochen werden wollen. Andererseits gibt es auch in offenen Gesellschaften erzkonservative Unternehmen. Ein international agierender Verkäufer muß beide Kultursysteme kennen, und er muß sie sensibel managen können. Auch hier wird wieder deutlich, daß der Verkäufer der Zukunft ein Kommunikationstalent sein muß mit Offenheit für soziale Umfelder, die ihm eigentlich fremd sind, und Geschick für einfühlsames Beziehungsmanagement.

Fragmentierung der Märkte

Mit der Internationalisierung einher geht die entgegengesetzt wirkende Fragmentierung der Märkte, die in ihrem Extrem zum „Ein-Kunden-Markt" führt. Wer vom Verschwinden nationaler Grenzen im globalen Geschäftsverkehr eine Globalisierung der Kundenwünsche erwartet, sieht sich getäuscht. Die Erfordernis, kulturelle Besonderheiten managen zu können, ist nur ein Merkmal dieses Trends zum Regionalen, Lokalen und Individuellen. Selbstbewußte Käufer fordern „ihr" individuelles Produkt: Sollziel Losgröße 1. Damit jeder Verkäufer seinem Kunden auch dessen ganz speziellen Wunsch erfüllen kann, entwickeln viele Unternehmen modulare Produktkonzepte.

Selbstbewußte Kunden verlangen das individuelle Produkt oder die individuelle Dienstleistung. Angebote von der Stange werden durch die Fragmentierung der Märkte in vielen Bereichen uninteressant.

Typisch für diese Tendenz ist der Automobilbereich: Die Zeiten, in denen die Farbe der Lackierung das einzige Differenzierungsmerkmal war, sind passé. Ein Verkaufsgespräch wird mit einem Interessenten heute unter dem Motto „Wie hätten Sie's denn gern?" geführt. Von der Motorleistung, über die Sitzbezüge bis hin zu Karosseriemodifikationen bleibt kein Wunsch unerfüllt.

Die Automobilindustrie entwickelt und produziert das individuelle Auto, um beim Kampf um die Kunden nicht auf der Strecke zu bleiben. Bestärkt wird sie in diesem Bestreben durch einen Anstieg der Verkaufszahlen von Typen, die sich von der breiten Masse der Fahrzeuge abheben – typisches Beispiel hierfür sind zweisitzige Roadster, deren Markt sich bis zum Jahr 2000 verdreifachen soll.

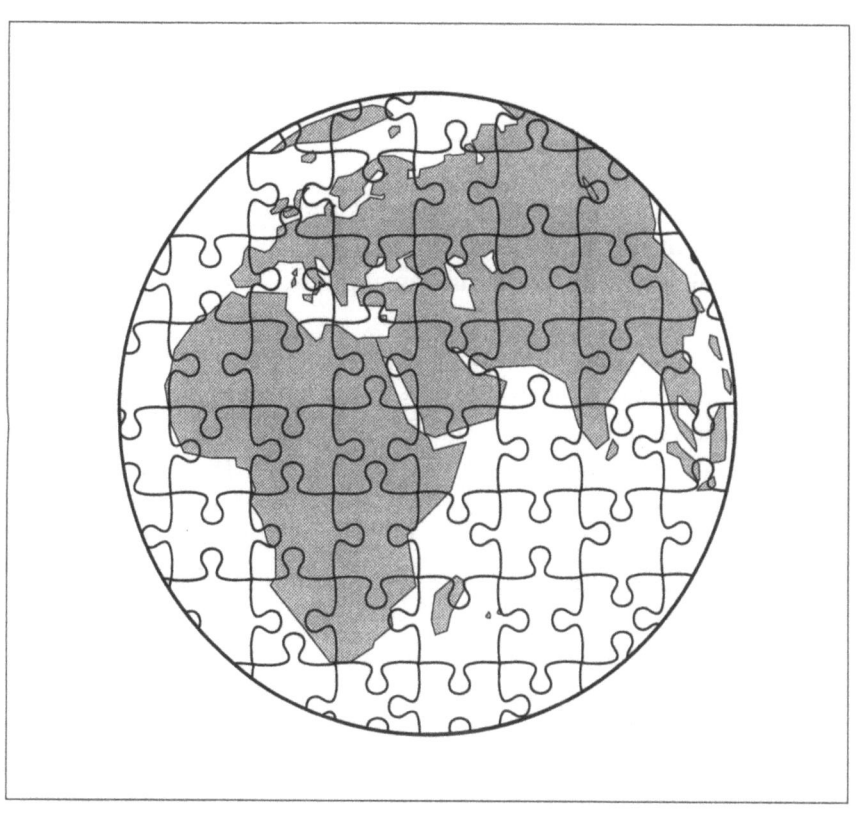

Der Markt der Zukunft wird durch Internationalisierung und Fragmentierung strukturiert

Der weitere Rückgang der Massen- und Kleinserienfertigung, des klassischen Produkts von der Stange, und die Hinwendung zur kundenindividuellen Einzellösung wird auch Auswirkungen auf das Anforderungsprofil des Verkäufers der Zukunft haben. Zunehmend werden Leistungen verkauft werden, die bei Vertragsabschluß in der vom Kunden gewünschten Konfiguration noch gar nicht existieren. Zunehmend werden technische Berater gefragt sein, die zusammen mit dem Kunden komplexe Problemlösungen konzipieren. Dies setzt zum einen eine hochentwicklelte kommunikative Kompetenz voraus, zum anderen ein technisches Know-how, das oftmals kaum von einer Person geboten werden kann. Selling Teams werden hier zunehmend die Rolle des Verkäufers übernehmen.

Verkaufsteams oder Projektgruppen werden in Zukunft mehr und mehr den Einzelkämpfer bei der Betreuung komplexer Produkte oder Dienstleistungen ablösen.

Die Komplexität solcher Problemlösungsprozesse erfordert natürlich auch auf seiten des Kunden geballtes Know-how, das auch hier durch Teams sichergestellt wird. Wo früher ein Verkäufer mit seinem Kunden zusammensaß, werden in Zukunft häufig zwei Teams an der Problemlösung arbeiten. Die entsprechenden Konzepte betreffen nicht selten die Wertschöpfungskette des Kunden. Somit steigt sein Interesse an zukunftsorientierten, wettbewerbsüberlegenen und ertragssteigernden Lösungen.

„Schnelle" und komplexe Produkte

Die angebotenen Produkte werden in vielen Bereichen immer „schneller", das heißt, Produktlebenszyklen werden in immer kürzerer Zeit durchlaufen. Gerade hier wird das Zusammenwirken von Komplexität und Dynamik auf eine für die Unternehmen fatale Weise deutlich: Die Zeit, die einem Unternehmen bleibt, um ein Produkt erfolgreich zu vermarkten, wird immer kürzer. Gleichzeitig werden viele Produkte jedoch auch immer komplexer und somit auch kostenintensiver, was Unternehmen also vor die große Herausforderung stellt, höhere Investitionsbeträge in immer kürzeren Zeiten zurückzugewinnen. Und kaum ein Unternehmen wird dies durch höhere Preise schaffen, denn die sind in vielen Bereichen ebenfalls „am Wegrutschen". Gefragt ist auch hier wieder die Leistungsfähigkeit des Verkäufers, denn der Kunde ist durch den schnellen Wechsel komplexer Produkte bei der selbständigen Auswahl des Angebots, das genau für ihn das richtige ist, einfach überfordert. Er ist also in starkem Maße auf die fachliche Kompetenz des Verkäufers angewiesen, und er ist darauf angewiesen, daß er dem Verkäufer vertrauen kann, daß dieser ihm als Partner und Berater gegenübertritt.

Der Verkäufer kann dem Vertrauen des Kunden nur entsprechen, wenn er stets darüber informiert ist, was der Kunde auch wirklich benötigt, welcher Problemlösungsbedarf auf seiner Seite besteht. Wiederum wird deutlich, daß sich der Verkäufer in den Kunden und seine Welt einfühlen können muß, wiederum sind seine Fähigkeiten als Kommunikationstalent, seine Geschicklichkeit als Beziehungsmanager gefragt. Um mit der Geschwindigkeit der Produktlebenszyklen mithalten zu können, muß er seine Beraterleistungen oft mit Highspeed erbringen. Auch hier wird der einzelne Verkäufer in Zukunft oft überfordert sein, auch hier wird zunehmend der Einsatz von Verkaufsteams gefragt sein.

Im Mittelpunkt der Markt

Der Trend zur Dienstleistung

Doch nicht nur der Bereich materieller Produkte wird sich ändern, vor allem der Dienstleistungssektor ist einem rasanten Wandel unterworfen. Insbesondere dort, wo Produkte an ihre Entwicklungsgrenze gestoßen sind, wird die Leistung, die ein Unternehmen erbringen kann, am Service festgemacht.

Vor allem Dienstleistungen müssen individuell den Bedürfnissen des Kunden entsprechen.

Doch gerade Dienstleistungen müssen auf die spezifischen Kundenwünsche zugeschnitten werden, gerade in diesem Bereich ist kundenindividuelles Vorgehen gefragt. Ein Servicepaket, das ein Verkäufer aus der Schublade zieht, kann der Kunde gleich in den Papierkorb werfen. Also gilt auch hier wieder: Der Verkäufer ist gefordert, er muß wissen, was der Kunde braucht, und er muß über die kommunikativen Fähigkeiten verfügen, dem Kunden die entsprechenden Leistungen auch zu vermitteln.

König Kunde!

Längst haben sich im Privatkunden- und auch im Business-to-Business-Bereich Käufermärkte etabliert, in denen König Kunde sagen kann, wo´s langgeht. Dennoch scheinen einige Unternehmen die Zeichen der Zeit noch nicht richtig erkannt zu haben. So spricht der Bestseller-Autor Minoru Tominaga von Deutschland als einer „kundenfeindlichen Gesellschaft"[2], und auch die „Servicewüste" Deutschland, wo der Kunde „Störenfried" ist, wird von Kritikern regelmäßig angeprangert. Diese Wüstenlandschaft mit nach Serviceleistungen und Aufmerksamkeit dürstenden Kunden ist *die* Herausforderung schlechthin für Unternehmen, die sich ihre Überlebensfähigkeit sichern wollen, sie ist die treibende Kraft hinter oft schon revolutionären organisatorischen Wandlungsprozessen. Service und Kundenorientierung sind vor allem aber auch die Faktoren, die das Leistungsprofil des Verkäufers der Zukunft bestimmen werden. Aus diesen Gründen soll dieser so trostlosen Servicelandschaft etwas mehr Platz gewidmet werden.

König Kunde?

„Vor ein paar Tagen wollte ich in einem Kaufhaus eine Garnrolle kaufen. Die Verkäuferinnen an der Kasse quatschten gerade intensiv miteinander. Ich habe dann mal ganz höflich gefragt, ob mich nicht eine mal abkassieren könnte. Die haben mich dann alle zuerst einmal recht unfreundlich angeschaut. Eine hat mich dann schroff angefahren, ich solle an eine andere Kasse gehen, diese hier sei nicht besetzt." Die verärgerte Kundin, die diese Story in einer Radiosendung zum Thema *Kundenorientierung* zum besten gab, hat die Garnrolle dann übrigens „mitgehen lassen". Eine Reaktion, die zwar nicht entschuldigt, aber dennoch irgendwie nachvollzogen werden kann. So wie dieser Kundin geht es vielen Käufern in Deutschland. Der König Kunde läuft mit der Krone unter dem Arm durch ein Land, in dem die Monarchie schon lange abgeschafft wurde.

Doch was stört die Kunden eigentlich am meisten? Eine Antwort auf diese Frage ergab eine Untersuchung von Agamus Research[3]:

- 80 Prozent bemängeln, daß die Verkäufer mehr am „schnellen Umsatz als an der Zufriedenheit der Kunden interessiert sind".
- 67 Prozent haben den Eindruck, daß sie als Kunden „wenig willkommen" sind.

- 58 Prozent ärgert, daß der Kunde im Handel schon so viel selbst machen muß und er sich deshalb „wie der billigste Mitarbeiter vorkommt".
- 44 Prozent finden Aufpreise für Lieferung und Montage von Möbeln „ausgesprochen ärgerlich".
- 33 Prozent ärgern sich darüber, daß der Handwerker den vereinbarten Termin „nicht pünktlich" einhält.
- Nur 4 Prozent sind mit der Bearbeitung ihrer Beschwerden durch das Unternehmen „vollkommen zufrieden".

In einer Hitliste der Störfaktoren, die im Auftrag des *Spiegel* durchgeführt wurde[4], rangiert „unfreundliches Personal" an erster Stelle, dicht gefolgt von „überzogene" Preise, „mangelnde Hilfsbereitschaft" und „schlampige Auftragserfüllung".

Gemäß der Agamus-Studie sind nur 14 Prozent der Kunden mit ihren Dienstleistungen zufrieden. Wirklich ein Armutszeugnis für ein Land, dessen Arbeitslosenzahl scheinbar unaufhaltsam steigt, ein Armutzeugnis für eine Wirtschaftsnation, die einen der expansivsten Zukuftsmärkte, eben den Dienstleistungsbereich, so dringend nötig hätte. Doch, warum um alles in der Welt, ist Deutschland immer noch ein Entwicklungsland, was Kundenorientierung anbelangt?

Die selbstverschuldete Servicewüste

Kunden lassen sich zuviel gefallen

Der Zustand, den wir aktuell vorfinden, hat uns nicht über Nacht überrascht, er ist das Ergebnis eines langen Entwicklungsprozesses mit verschiedenen Einflußfaktoren. So muß sich der König Kunde zunächst einmal an die eigene Nase fassen. Fragen wir uns doch selbst: Wie oft haben wir uns schon schlechten Service gefallen lassen?

Die Kunden sind zu einem großen Teil selbst schuld an der Servicewüste Deutschland.

Wie oft haben wir klein beigegeben, wenn ein Handwerker, der vormittags einen Termin bei uns hatte, spät am Abend endlich eintraf, um dann nicht das passende Werkzeug dabei zu haben? Wie oft haben wir ohne zu murren im Getränkemarkt Bier- und Mineralwasserkästen eifrig aufgeräumt, um dann noch von einem Verkäufer angeschnauzt zu werden „He, nicht auf diese Palette, Mineralwasser kommt nach hinten"? Unsere ehrliche Antwort kann nur lauten: viel zu oft!

Zuwenig Anerkennung für guten Service

Es ist nicht unser einziger Fehler, daß wir uns als Kunden gegen schlechten Service nicht zur Wehr setzen. Genauso verhängnisvoll für die Motivation der Verkäufer ist unser Versäumnis, gute Leistungen und einen freundlichen Service zu loben. Weil nette Menschen ja ohnehin für viele nicht ganz ernst zu nehmen sind (der oder die muß es ja nötig haben), kehren viele Kunden bei freundlichen Dienstleistern auch gerne mal den Chef raus. Und es ist nur allzu verständlich, daß ein Verkäufer, dessen Einsatz regelmäßig nicht gewürdigt wird, mit der Zeit eine ruhigere Kugel schieben möchte. Wehren wir uns also gegen schlechten Service, und bringen wir den Verkäufern gegenüber unsere Zufriedenheit über gute Leistungen zum Ausdruck.

Dienen und Leisten sind nicht angesagt

Ein weiterer Grund, der zur Servicewüste Deutschland führte, ist, daß die Dienstleistung einen der untersten Plätze einnimmt, was das soziale Prestige anbelangt. Ein Dienstleister ist jemand, der „dienen" und der „leisten" muß, beides Tätigkeiten, mit denen sich die wenigsten identifizieren können. Die meisten Menschen haben sofort das Bild einer Hierarchie im Kopf, wenn sie das Wort Dienstleistung hören: Oben steht natürlich der, dem gedient und für den etwas geleistet wird. Es hat sich leider noch nicht herumgesprochen, daß das Bild der Hierarchie weder für Unternehmen und schon lange nicht mehr für gesellschaftliche Prozesse gilt, wie eben die Dienstleistung einer ist.

Das angemessene Bild ist hingegen das eines Netzes: Alles hängt mit allem zusammen, jeder erbringt in diesem System also für andere eine Leistung, gleichgültig, an welcher Stelle er steht, gleichgültig, was er tut. Ob Bundeskanzler, Programmiererin, Pfarrer, Automechaniker, ob Lehrer, Managerin oder Zeitungsausträger, ob Kneipenwirt, Konzertpianistin oder Astronaut: Jeder und jede erbringt einen Dienst, der dem „Netzwerk" Gesellschaft insgesamt zugute kommt.

Kundenorientierung als Lippenbekenntnis

Last, but not least, sind auch die Unternehmen daran schuld, daß Deutschland nicht gerade das Reich erfüllter Kundenwünsche ist. Viel zuviele Unternehmen drucken zwar teure Hochglanzprospekte, in denen der Kunde gefeiert wird, in denen Kundenorientierung als oberstes Credo ausgesprochen wird und in denen das Wort Service mehr als alle anderen Wörter genannt wird. Doch im Gegensatz zu Kunden ist Papier geduldig, genauso geduldig wie die Unternehmen selbst mit der Umsetzung dieser Absichtserklärungen, die bereits Makulatur sind, bevor sie noch die Druckerei verlassen, die eher den

Rang eines Marketing-Gags haben als den einer Neuorientierung. Weil es den Unternehmen an der Ernsthaftigkeit bezüglich der Kundenorientierung mangelt, fehlt es ihnen auch an der notwendigen Änderungsbereitschaft.

Kundenorientierung hat in vielen Unternehmen den Rang eines Marketing-Gags. Der Kunde steht nicht wirklich an erster Stelle.

Typisch für diese Haltung ist das Statement des Geschäftsführers eines mittelständischen Maschinenbauers: „Ja, der Kunde ist natürlich schon wichtig, aber wissen Sie, wir bauen Maschinen, für uns steht doch eigentlich unser Produkt an erster Stelle. Und da sind wir auch wirklich spitze. Daß unsere Kunden kommen und gehen, ist doch normal." Es wundert weder mich, noch wird es Sie in Erstaunen versetzen, daß dieser Geschäftsführer seiner Verkaufsmannschaft auch nicht die allerbeste Pflege zukommen läßt. Trainingsmaßnahmen hält er größtenteils für rausgeworfenes Geld, und er hängt auch dem leider weit verbreiteten Vorurteil an, daß man entweder ein guter Verkäufer ist oder eben nicht, „Verkaufen kann man nicht lernen", das Verkaufstalent soll gewissermaßen schon in der Wiege zu erkennen sein.

Trainings- und Schulungsmaßnahmen für Verkäufer werden in vielen Unternehmen sträflich vernachlässigt.

Entsprechend sehen dann natürlich auch die „Schulungsmaßnahmen" aus, die er seinen Verkäufern zukommen läßt. Sie lernen in Crashkursen, daß man einem Kunden fest in die Augen blickt und seine Hand kräftig drücken muß, sie werden durch Schnellkurse im positiven Denken so optimistisch, daß sie ganze zwei Tage gut drauf sind, um dann wieder in den alten Trott des „business as usual" zu verfallen, und sie lernen, wie sie ihren Schreibtisch ordentlich aufräumen und einen anständigen Terminkalender führen.

Doch das Wichtigste lernen die Verkäufer nicht: daß das Geschäft von Mensch zu Mensch gemacht wird. Die Verantwortung für das Qualifikationsdefizit auf seiten der Verkäufer geht ganz klar zu Lasten des Managements. Dieses ist auch dafür verantwortlich, daß viele Verkäufer sich noch wie Einzelkämpfer an der Verkaufsfront aufführen. Nach einem „Beutezug" lassen sie „verbrannte Erde" zurück. Im Vordergrund steht lediglich der schnelle Erfolg. Die wenigsten haben begriffen, daß Verkaufen erst so richtig anfängt, wenn der Kunde seine Unterschrift unter den Vertrag gesetzt hat. Kundenbetreuung klingt vielen Verkäufern genauso fremd in den Ohren wie irgendein Wort aus einer fremden Sprache.

Kundenfernes Management

Die Liste der Versäumnisse läßt sich jedoch noch weiter fortsetzen. So „kennen" viele Manager ihre Kunden nur aus den obengenannten Prospekten. Die Unternehmensleitung ist durch viele Hierarchien von der Vertriebsmannschaft und von den Verkäufern und schließlich auch von den Kunden getrennt. Man muß sich das einmal vorstellen: Viele Manager kennen die Menschen nicht, aus deren Existenz sich die Daseinsberechtigung ihres ganzen Unternehmens ableitet. Der Kunde, das unbekannte Wesen ...

In vielen Unternehmen sind die Manager kaum informiert über die Wünsche der Kunden und ihre Bedürfnisse. Sie steuern ihr Unternehmen quasi blind durch differenzierte Marktlandschaften. Es fehlt ihnen an Informationen, um einen ihrer wichtigsten Jobs erfolgreich leisten zu können: die strategische Planung. Was werden solche Manager wohl von folgender These eines überdurchschnittlich erfolgreichen Dienstleisters halten: „Unser Unternehmen ist für die Kunden da."? Ein Management ohne ausführlichste Informationen über die relevanten Märkte ist nicht nur wirkungslos, es ist für Unternehmen sogar schädlich und gefährlich.

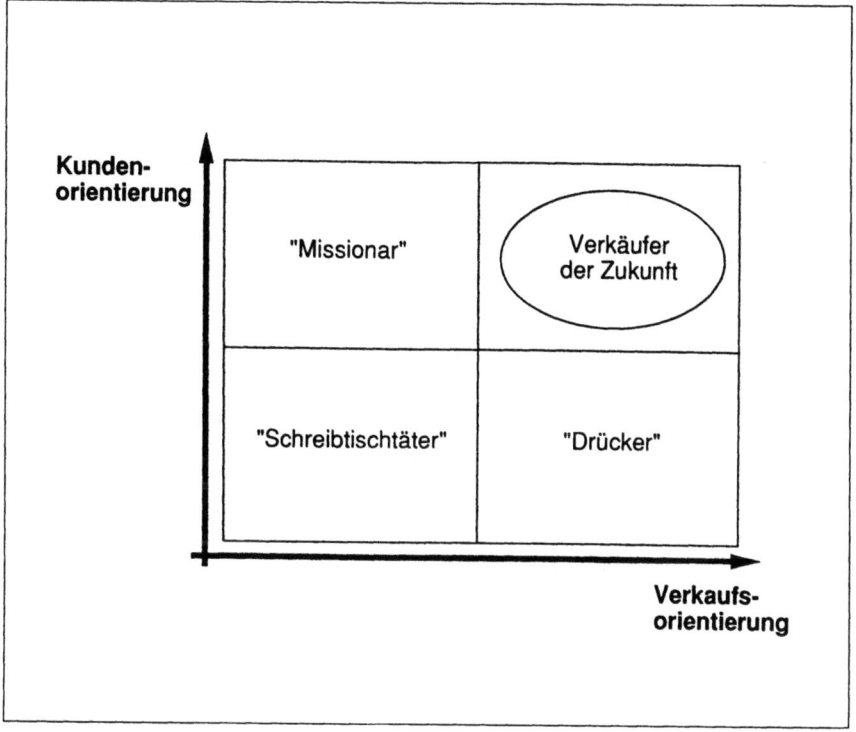

Kundenorientierte Unternehmen werden ihre Organisation auf den Kopf stellen müssen

In manchen Unternehmen werden zwar schon Bestrebungen erkennbar, sich auf Kundenmärkte auszurichten, doch das Stichwort, das sie dabei leitet, ist allein schon verräterisch: Im Visier des unternehmerischen Handelns steht die *Zielgruppe*. Dieser Begriff bringt ganz klar zum Ausdruck, daß solche Unternehmen noch nicht verstanden haben, was Kundenorientierung eigentlich bedeutet, denn ein Ziel anvisieren ist immer ein asymmetrischer Prozeß, und es ist ein Prozeß in nur einer Richtung, weg von dem, der zielt. Wer seine Kunden als Partner ernst nimmt, kann mit diesem Begriff nicht arbeiten. Weitaus angemessener ist der Begriff der *Dialoggruppe*.

Das Management muß die Tuchfühlung zu seinen Kunden suchen, sonst kann es seinen Job nicht machen.

Ein Dialog ist ein wechselseitiger Prozeß, ein Prozeß, der in zwei Richtungen verläuft, zum Kunden hin und von diesem auch wieder zurück zum Unternehmen. Nur so ist echtes Beziehungsmanagement möglich. Dies ist kein bloßer Streit um Worte. Denn wie schon der Sprachphilosoph Ludwig Wittgenstein wußte: „Meine Worte sind meine Welt." Ein Verkäufer, der hundertmal am Tag das Wort *Zielgruppe* hört, hat ganz einfach ein anderes Bild seiner Kunden im Kopf als sein Kollege in einem Nachbarunternehmen, in dem ausschließlich von *Dialoggruppen* gesprochen wird.

Der Kunde, das unbekannte Wesen

Wenn schon das Management sich selbst relativ wenig um Informationen über seine Kunden kümmert, muß es nicht verwundern, daß sich das entsprechende Informationsmanko durch das ganze Unternehmen bis in die operativen Bereiche zieht. In vielen Unternehmen werden Kundendaten nicht systematisch erfaßt, ausgewertet und abgelegt. Kunden, die eine mangelhafte Ware reklamieren wollen, finden den zuständigen Sachbearbeiter in bezug auf ihr Anliegen oft als eine tabula rasa vor: „Ich kann Ihre Daten gerade nicht in meinem System finden." – Während er dies sagt, wandert sein Blick nervös auf einen Zettelberg, der sich am hintersten Ende seines Schreibtischs türmt. Wahrscheinlich ist hier die schriftliche Beschwerde des Kunden bereits untergegangen. Wertvolle Informationen in bezug auf Kundenwünsche und -ansprüche bleiben unbeachtet oder unausgewertet.

Kostenrechnung versus Kundenfreundlichkeit

Einen weiteren wichtigen Punkt, warum Servicefunktionen in vielen Unternehmen sowenig wie möglich installiert werden, machte Hermann Simon, geschäftsführender Gesellschafter der Unternehmensberatung Simon, Kucher & Partner, aus: „Ein Manager, der auf Kundenbindung setzt und mehr Servicepersonal einstellen will, bekommt deshalb auch regelmäßig Probleme mit seinem Controller. Der will nämlich ganz genau wissen, was die zusätzliche Kraft an zusätzlichem Umsatz für das Unternehmen bringt."[5]

Privatkunden und Geschäftskunden sind vom Servicemangel gleichermaßen betroffen. Der Hitliste an Ärgernissen für Endverbraucher läßt sich eine entsprechende Analyse für den Business-to-business-Bereich zur Seite stellen[6]: Weniger als die Hälfte der in einer Untersuchung von Prof. Dr. Christian Homburg, Hochschule für Unternehmensführung, Koblenz, befragten Unternehmen sind mit den folgenden Leistungen zufrieden:

- Qualität der kundenbezogenen Prozesse,
- Flexibilität bei der Erbringung der Dienstleistung,
- Kundenkontakte von nicht im Verkauf/Marketing tätigem Personal.

Interessant, daß die Unternehmen selbst zu einer weitaus positiveren Einschätzung ihrer Leistungen neigen, was ganz einfach heißt, daß noch keine Sensibilität oder gar Offenheit gegenüber den angesprochenen Problembereichen besteht.

Die wichtigsten Gründe, warum Deutschland eine Servicewüste ist
■ Kunden lassen sich von Verkäufern zuviel gefallen. ■ Gute Serviceleistungen werden von Kunden zuwenig anerkannt. ■ Dienen und Leisten sind in Deutschland nicht angesagt. ■ Kundenorientierung ist für viele Unternehmen ein bloßes Lippenbekenntnis. Dabei bleibt auch die Aus- und Weiterbildung der Verkaufsmannschaft auf der Strecke. ■ Das Management vieler Unternehmen hat keine „Tuchfühlung" mit seinen Kunden. ■ Viele Unternehmen sind allgemein zuwenig über ihre Kunden informiert. ■ Ein kundenfeindliches Controlling kürzt Serviceleistungen, die sich nicht sofort in Mark und Pfennig umrechnen lassen.

Es muß auch anders gehen

Der letzte Punkt – „Service kostet nur" – ist wohl eines der schwerwiegendsten Hindernisse auf dem Weg zum Kunden. Kurzfristige Planungshorizonte engen den Blick der Kostenrechner ein. Doch es muß auch anders gehen, und zum Glück haben schon einige Unternehmen erkannt, daß der Mehrwert, den sie durch Service ihren Kunden bringen, höhere Profite für das eigene Unternehmen bedeutet. Und es ist wirklich einfach nachzuvollziehen: Service bedeutet zufriedene Kunden, und zufriedene Kunden kaufen gerne wieder. Und uns muß auch immer bewußt sein: Ein Kunde, der nicht mehr bei uns kauft, bedeutet nicht nur Umsatzverlust für uns, sondern auch ein Umsatzplus für unsere Konkurrenten. Ein Kunde, der ein Auto kaufen will und in irgendeinem Autohaus schlecht behandelt wird, geht eben einfach zur Konkurrenz und macht mit der das Geschäft. Servicemängel schwächen das eigene Unternehmen und stärken gleichzeitig die Mitbewerber!

Unzufriedene Kunden schaden dem eigenen Unternehmen und stärken die Konkurrenz.

Ein weiterer, ebenso unschätzbarer Vorteil zufriedener Kunden besteht darin, daß sie für „ihr" Unternehmen Werbung machen. Im Freundes- und Bekanntenkreis wird geschwärmt, wie gut man doch bedient worden ist, wie hervorragend der Service war und wie erstklassig das Produkt. Jeder, der solche Lobeshymnen hört, wird sich gerne und vertrauensvoll an das gepriesene Unternehmen wenden, wenn er sich selbst einmal für die entsprechenden Produkte oder Leistungen interessiert.

Unternehmensorganisation im Umbruch

Der Schlüssel zum Unternehmenserfolg ist also der zufriedene Kunde. Und um möglichst nah am Kunden zu sein, haben viele Unternehmen bereits damit begonnen, ihre Strukturen und Prozesse auf den Markt, das heißt auf den Kunden auszurichten.

Die Märkte, auf die sich Unternehmen durch Reorganisationsmaßnahmen einstellen wollen, sind dabei, wie gesagt, durch zwei Merkmale gekennzeichnet: Sie sind zum einen sehr schnell, und sie sind sehr komplex. Um Komplexität und Schnelligkeit managen zu können, ergeben sich für Unternehmen unter anderem die folgenden Herausforderungen:

- Unternehmen müssen permanent Informationen über ihre Kunden aufnehmen,

- Unternehmen müssen diese Informationen sofort auswerten,

- Unternehmen müssen daraus schnell entsprechende Reaktionen ableiten,
- und Sie müssen diese Aktionen ohne Zeitverlust umsetzen.

Organisationsformen, die für solche Verhaltensweisen hervorragend geeignet sind, zeichnen sich durch kurze Entscheidungswege aus – Stichwort „Kompetenzen nach unten" – und durch abteilungsübergreifende, prozeßorientierte Teamstrukturen, Veränderungen, die auch vor dem Vertrieb und dem Aufgabenbereich des Verkäufers nicht Halt machten. Der Verkäufer findet sich in Unternehmen, die sich nach diesen Anforderungen organisieren, in dezentralen Teamstrukturen wieder mit einem hohen Maß an Entscheidungskompetenzen und Verantwortung. Und solchen Unternehmen gehört mit Sicherheit die Zukunft.

Es gibt viel zu tun

Die aufgeführten Rahmenbedingungen, von der Internationalisierung und der Fragmentierung der Märkte über den Trend zu schnellen und komplexen Produkten bis hin zur Dienstleistungs- und Kundenorientierung und den entsprechenden unternehmensbezogenen Reorganisationsmaßnahmen, sie alle machen eines deutlich: Der Job des Verkäufers wird sich zu einem der anspruchsvollsten Berufsbilder entwickeln. Neben den rein fachlichen Kenntnissen, die sich von Branche zu Branche unterscheiden, und die uns deshalb hier nicht in erster Linie beschäftigen sollen, sind es meiner Meinung nach vor allem die folgenden Bereiche, bei denen ein enormer Nachholbedarf besteht, wenn sich der Verkäufer von heute zum neuen Verkäufer entwickeln möchte:

- Das persönliche Leistungsprofil des Verkäufers muß sehr stark differenziert werden. Nur ein einnehmendes Wesen reicht bei weitem nicht mehr aus.

- Weil eine verkaufsorientierte Persönlichkeit allein keine Erfolge garantiert, muß der neue Verkäufer auch bestimmte „Schlüsseltechniken", zum Beispiel ein aktives Zeit- und Selbstmanagement beherrschen.
- Der Verkäufer der Zukunft muß so nah am Kunden sein wie nur möglich. Er muß ihn verstehen, seine Persönlichkeit „erfassen" (wir erinnern uns: das Geschäft wird von Mensch zu Mensch gemacht), er muß wissen, was ihn zu einem Kauf motivieren kann und was nicht. Der Verkäufer der Zukunft muß ein Kommunikationstalent und Beziehungsmanager sein.
- Der Verkäufer der Zukunft wird immer mehr zum Team-Seller werden. Komplexe und schnelle Märkte und Produkte lassen keinen anderen Weg zu. Er muß deshalb verstehen, wie Teams „funktionieren", welche Chancen und Risiken sie bieten.
- Als letztes schließlich ist das Unternehmen zu nennen, in welchem der Verkäufer der Zukunft erfolgreich sein will. Wichtig ist hier vor allem, daß dafür gesorgt wird, daß der Verkäufer so viel Zeit wie möglich für sein eigentliches Geschäft – das Verkaufen eben – zur Verfügung hat. Dies kann zum Beispiel durch einen verkaufsaktiven Innendienst erreicht werden. Entscheidend ist zum Beispiel aber auch, daß eine verkaufsorientierte Unternehmenskultur herrscht.

Kapitel II

Multitalent Verkäufer –
Die persönlichen Kompetenzen für den Erfolg

Die Anforderungen, denen sich Verkäufer künftig gegenübersehen, sind gewaltig. Entsprechend umfangreich muß auch das persönliches Leistungsprofil sein. In diesem Kapitel erfahren Sie, welche Kernkompetenzen in diesem Leistungsprofil enthalten sein sollten.

Ein exemplarisches Tätigkeitsprofil

Verkaufen ist eigentlich ein Beruf, der aus mehreren Berufen besteht, dies machte eine wissenschaftliche Untersuchung exemplarisch am Beispiel der Investitionsgüterindustrie deutlich.[7] Das Tätigkeitsprofil eines Außendienstmitarbeiters wird in dieser Untersuchung in die folgenden Bereiche aufgeschlüsselt (Reihenfolge nach Umfang):

- Beratung
- Verhandlungen
- Großkundenbetreuung
- Angebotserstellung
- Meinungsführerkontakte
- After-Sales-Service
- Händlerbetreuung
- Sales Forecasting
- Koordination
- Reklamationen
- Marktanalyse
- Abwicklung
- Produktgestaltung
- Preispolitik
- Messeplanung
- PR und Werbung
- Produktinformationen

- Strategieplanung
- Wirtschaftlichkeitsrechnung
- Budgetierung
- Qualitätssicherung
- Controlling

Dieser Aufgabenkatalog ist wirklich sehr beeindruckend. Interessant ist dabei auch, daß an der Spitze dieser Liste Aufgaben stehen, die mit den Anforderungen übereinstimmen, die sich aus der eingangs geführten „Trendanalyse" ergeben haben: *Beratungen* und *Verhandlungen* können nur erfolgreich durchgeführt werden, wenn sich ein Verkäufer in seine Kunden hineinversetzen kann und wenn er über das entsprechende Kommunikationsgeschick verfügt. *Großkundenbetreuung* wird zunehmend nur im Team zu leisten sein, denn der Einzelkämpfer braucht einfach zuviel Zeit für seine Kunden. Kernaufgaben wie die Analyse der Mitbewerber in einem bestimmten Gebiet kommen dabei einfach zu kurz.

Vier Verkäufertypen

Drei „Auslaufmodelle"...

Die skizzierte Aufgabenfülle, die jeder Spitzen-Verkäufer in seiner Branche spezifisch zu bewältigen hat, kann nur von einem hochqualifizierten Profi bewältigt werden. Nicht mehr gefragt werden in Zukunft deshalb die folgenden „Auslaufmodelle" unter den Verkäufern sein (die zugegebenermaßen zum Teil etwas überzeichnet dargestellt werden):

- der Drücker
- der Schreibtischtäter
- der Missionar

Der Drücker

Der „Drücker" ist der Verkäufertyp, der zu einem Großteil für das Negativimage verantwortlich ist, das dem Verkäuferberuf noch immer anlastet. Er ist der Verkäufer, der nur das schnelle Geschäft sucht und dabei verbrannte Erde zurückläßt.

> **Der Drücker ist lediglich auf das schnelle Geschäft aus.**

Er ist der Verkäufer, der einer Großmutter zwischen Tür und Angel noch die letzte Mark ihrer Rente aus der Tasche zieht. Dieser Verkäufertyp konnte noch einigermaßen erfolgreich sein, als Kunden nicht so genau wußten, was sie eigentlich wollten oder brauchten. Schlecht informiert ließen sie sich dann auch leicht über den Tisch ziehen. Außer dem Informationsdefizit auf der Kundenseite kam diesem Verkäufer auch ein Markt entgegen, der noch weitgehend in der Hand der Unternehmen war, in denen Kunden noch lange nicht das Sagen hatten. Gott sei Dank ist dieses „Modell" schon seit längerer Zeit im Rückzug begriffen.

Der Missionar

Der nächste Verkäufertyp wird ebenfalls bald von der Bildfläche verschwunden sein, obwohl er sein Hoch jetzt gerade erst erlebt. Der Missionar ist das Ergebnis falsch verstandener Kundenorientierung. „Der Kunde ist mein Freund", lautet sein oberstes Credo, und einem Freund schwatzt man ja schließlich nichts auf. Diese Haltung führt dann dazu, daß der Missionar seinen Kunden nicht ziel- und abschlußorientiert berät, sondern daß er ihm lediglich verschiedene Möglichkeiten als Alternativen anbietet, aus denen der Kunde dann selbst die angemessene Lösung auswählen muß. Er soll sich ja auf keinen Fall manipuliert fühlen! Leider fühlt sich der Kunde dann aber letztendlich auch allein gelassen.

Der Missionar gibt einem Kunden auch noch sein letztes Hemd.

Ein weiterer Nachteil dieses „Soft Sellers" besteht darin, daß kein Vertriebsleiter ihm einen Spielraum bei der Preisgestaltung einräumen kann, denn dieser Verkäufer würde ihn schamlos ausnutzen – und zwar zuungunsten seines eigenen Unternehmens. Der kundenfreundliche Verkäufer wird so zum „unternehmensfeindlichen" Mitarbeiter, der einem Kunden schon auch einmal empfiehlt, doch besser bei der Konkurrenz zu kaufen.

Der Schreibtischtäter

Während die beiden obengenannten Verkäufertypen regelmäßig bei ihren Kunden anzutreffen sind, jeweils mit unterschiedlichen Absichten, trifft man den dritten Verkäufertypus ausschließlich hinter seinem Schreibtisch an. Er geht nicht zu den Kunden, er wartet, bis die Kunden zu ihm kommen.

Der Schreibtischtäter hält weder von Kunden- noch von Verkaufsorientierung etwas. Er ist nur reaktiv tätig.

Er ist kein Verkäufer, sondern ein Bürokrat, der seinen angestammten Platz in monopolistischen Unternehmen hat. Wenn es für bestimmte Produkte und Dienstleistungen nur einen Anbieter gibt, hat dieser es auch nicht nötig, sich die Mühe zu machen, seinen bequemen Bürosessel zu verlassen.

... und ein „Modell" mit Zukunft

Um den genannten Anforderungen gerecht werden zu können, ist jedoch ein Verkäufertyp eines ganz anderen Kalibers gefragt. Kein Verkäufer kann es sich mehr leisten, hinter dem Schreibtisch auf seine Kundschaft zu warten.

Der Verkäufer der Zukunft muß sowohl die Interessen seiner Kunden als auch die seines eigenen Unternehmens konsequent verfolgen.

Jeder Verkäufer, der langfristige Erfolge verbuchen will, wird Drückerstrategien fürchten wie der Teufel das Weihwasser, und – bei aller Wertschätzung des Kunden – ein Verkäufer, der nur die Interessen der Kunden sieht, nicht aber die seines eigenen Unternehmens, ist fehl am Platz.

Gesucht ist also ein Verkäufer, der seine Kunden aktiv aufsucht, der langfristige vertrauensvolle Partnerschaften aufbaut und der neben den Interessen seiner Kunden auch die Interessen seines eigenen Unternehmens verfolgt. Die Abbildung unten positioniert die einzelnen Verkäufertypen noch einmal in bezug auf Kundenorientierung und Verkaufsorientierung.

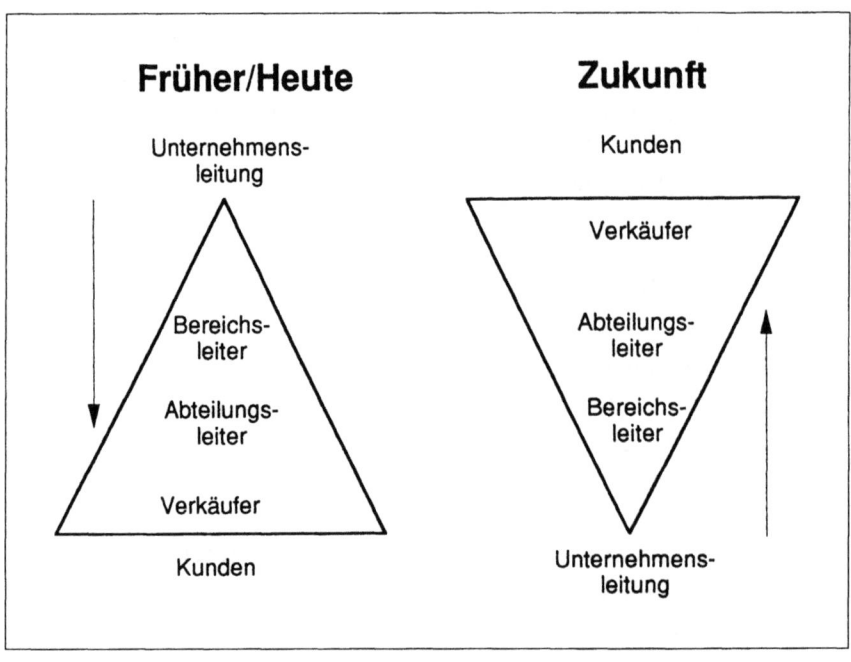

Der Verkäufer der Zukunft zeichnet sich dadurch aus, daß er sowohl die Kundenbedürfnisse als auch die Bedürfnisse seines Unternehmens verfolgt

**Alexander Verweyen, Der Verkäufer der Zukunft –
Vom Drücker zum Beziehungsmanager und Teamplayer
ISBN 3-409-19574-2**

Bei der Produktion wurden die Abbildungen auf den Seiten 35 und 50 vertauscht.
Korrekt muß es lauten:

Seite 35

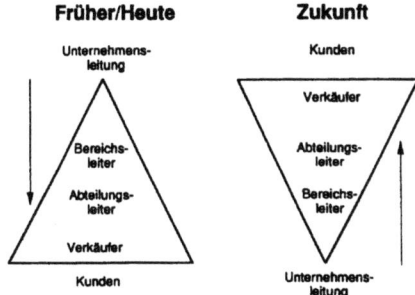

Kundenorientierte Unternehmen werden ihre Organisation auf den Kopf stellen müssen

Seite 50

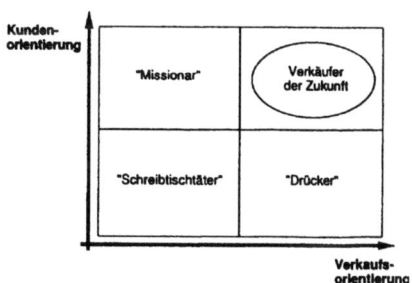

Der Verkäufer der Zukunft zeichnet sich dadurch aus, daß er sowohl die Kundenbedürfnisse als auch die Bedürfnisse seines Unternehmens verfolgt

Wir bedauern das Versehen.
Gabler Verlag, Wiesbaden 1997

Neben den rein fachlichen Qualifikationen, die der neue Verkäufer unbedingt mitbringen muß, muß er auch über ein persönliches Leistungsprofil verfügen, das ihn dazu qualifiziert, die Herausforderungen des Verkäuferberufs mit Erfolg zu meistern. An allererster Stelle steht hierbei die richtige Einstellung zum Verkäuferberuf. Denn nur wer selbstbewußt und begeistert „ja" sagt zu diesem anstrengenden, aber auch schönen Beruf, der kann auch aus sich herausholen, was in ihm steckt; nur der kann verstehen, daß es neben dem König Kunde noch einen zweiten „Monarchen" gibt: den König Verkäufer. Dazu mehr im folgenden Kapitel.

Das richtige Selbstverständnis als Verkäufer

Den Abschluß im Fokus

Jeder Verkäufer muß sich ganz klar seiner „Kernfunktion" bewußt sein: Er soll seinem Unternehmen „Geld bringen", indem er Produkte oder Leistungen seines Unternehmens an Kunden verkauft. Sein Ziel ist nicht in *erster* Linie die Beratung des Kunden, sein primäres Ziel ist der Abschluß, den er natürlich mit einer verantwortungsvollen und kundenorientierten Beratung vorbereitet. Viele Verkäufer scheinen dabei irgendwie den Begriff Kundenorientierung falsch verstanden zu haben, wie wir bei der kurzen Charakterisierung des „Missionars" gesehen haben. Ich erinnere mich da zum Beispiel an einen Kollegen, der mir einmal abends nach einer Verkaufsleitertagung an der Bar seine „Philosophie" erzählte: „Wissen Sie, Herr Verweyen, ich verkaufe völlig kundenorientiert. Mein oberstes Ziel besteht darin, den Kunden echt super zu beraten und keinen über den Tisch zu ziehen. Der Kunde soll immer selbst entscheiden, was er will und was er nicht will." Mit dieser Einstellung im Kopf entwickelte dieser Kollege, er war Versicherungsverkäufer, seinem jeweiligen Ansprechpartner vier oder fünf Varianten einer bestimmten Versicherung, mit jeweiligen Zusatzklauseln und Sondervereinbarungen. „Alles echt super Angebote", wie er mir glaubhaft versicherte. Doch mit diesen „super Angeboten" ließ er seine Kunden dann auch alleine.

Er wollte ja keinen Kunden über den Tisch ziehen und verzichtete deshalb gleich ganz darauf, irgendeine Empfehlung auszusprechen. Doch genau das wäre sein Job gewesen, genau das hätten seine Kunden von ihm erwartet, deshalb haben sie ihn zu sich eingeladen. Er hätte eine überschaubare Zahl an Alternativen entwickeln müssen, also zwei bis drei. Vor dem Hintergrund des jeweiligen Kundenbedarfs hätte er dann für eine bestimmte Variante eine Empfehlung aussprechen müssen: „Lieber Kunde, Sie sind jetzt 45 Jahre alt. Sie sind verheiratet und haben zwei Kinder, die noch schulpflichtig sind. Nach Abzug Ihrer Fix- und sonstigen Kosten verfügen Sie noch über soundsoviel Mark pro Monat, und Sie sollten diese und jene Risiken mit Ihrer Versicherung abdecken. Für Sie wäre somit das Modell A das beste." Der Kunde weiß jetzt ganz einfach, was Sache ist. Er fühlt sich mit seinen Bedürfnissen verstanden und gut beraten und kann sich außerdem immer noch ein alternatives Modell von seinem Versicherungsverkäufer durchrechnen lassen.

Abschlußorientierte Beratung führt auch zu Sicherheit auf Kundenseite.

Ich habe diesem Kollegen gegen Ende unserer Unterhaltung dann noch eine Frage gestellt: „Was würden Sie machen, wenn Ihr PKW Öl verliert, Sie ihn voller Sorge in die Werkstatt fahren, der Meister ihn sich ansieht und zu Ihnen meint, daß ein defekter Dichtungsring an der Vorderachse für den Ölverlust verantwortlich wäre. Allerdings sei die Achse auch schon etwas schadhaft. Es gäbe also zwei Möglichkeiten: den Dichtungsring wechseln oder mit einem weitaus größeren Aufwand die Achse wieder in Ordnung bringen. Was schließlich gemacht wird, würde er gerne Ihnen überlassen, die Reparatur der Achse wäre natürlich sehr viel teurer, und er wollte nicht, daß Sie das Gefühl hätten, er würde Ihnen nur das Geld aus der Tasche ziehen wollen." – „Na ja", antwortete mein Gesprächspartner, „der Mechaniker hätte schon selbst sagen müssen, was gemacht werden muß, aber Autos und Versicherungen sind doch zwei verschiedene Dinge." Was das Selbstverständnis des Verkäufers anbelangt, abschlußorientiert zu verkaufen, teile ich diese Ansicht nicht.

„Ja" zur Verkäuferrolle sagen

Sagen Sie auch immer „ja" zu Ihrer Verkäuferrolle. Was immer der Verkäufer der Zukunft an Aufgaben beherrschen muß, eines ist sicher: Er wird Verkäufer bleiben, sein Job wird es immer sein, Produkte oder Dienstleistungen für bestimmte Gegenleistungen, meistens für „Geld", an andere zu vermitteln. Daß sich viele Verkäufer jedoch – warum auch immer – nicht „trauen", sich als *Verkäufer* zu bezeichnen, machte eine empirische Untersuchung deutlich[8]. Die folgenden Bezeichnungen für den Verkäuferberuf konnten dabei ermittelt werden:

- *1. Management-Ebene*: Vertriebsdirektor, Vertriebsvorstand

- *2. Management-Ebene:* Verkaufsleiter, Sales-Manager, Vertriebsleiter, Regionalleiter, Orga-Leiter, Verkaufschef, Generalrepräsentant, Reisedirektor, Inspektor

- *3. Management-Ebene:* Gruppenleiter, Gruppenberater, Bezirksleiter, Gebietsleiter, Produktmanager, Händlerberater, Außendienstleiter, Hauptrepräsentant, Supervisor

- *An der Basis:* Verkäufer (auch der wurde genannt!), Vertreter, Vermittler, Vertragswerber, Handlungsreisender, Bezirksreisender, Referent, Repräsentant, Akquisiteur, Verkaufsingenieur, Vertriebsfachwirt, Berater, Fach-, Absatz-, Verkaufs-, Außendienst-, Kunden-, Finanz-, Wirtschafts-, Vermögensberater, Kundenbetreuer, Makler, Key Accounter/Großkundenbetreuer, Handelsvertreter, Handelsvermittler, Handelsagent

Und wie nennen Sie sich? Vielleicht werden Sie sich wundern, daß auch die Managementebenen unter der Rubrik „Verkäufer" geführt werden. Ich bin aber fest davon überzeugt, daß ein Unternehmen nur dann verkaufsorientiert im Markt auftreten kann, wenn die Unternehmensführung, wenn sich jeder einzelne Top-Manager auch als

Verkäufer sieht. Ich möchte hier noch einmal an die entsprechenden Ausführungen zu den Gründen für die „Servicewüste Deutschland" erinnern.

■ **Auch Top-Manager müssen sich als Verkäufer verstehen.**

Hinter dem Schreibtisch der obersten Führungskräfte war in alten amerikanischen Spielfilmen oft ein Schild mit der Aufforderung „Think!" zu sehen. Ich bin dafür, daß jeder Manager ein Schild mit der Aufschrift „Sell!", also „Verkaufe!" erhalten sollte. Manager haben einen enormen Vorbildcharakter, nur wenn sie selbst den „Verkäufer-Spirit" demonstrieren, werden auch die Verkäufer an der „Verkaufsfront" den entsprechenden Ethos entwickeln. Nur wenn das Management auch versteht, daß es letzten Endes seine oft nicht ganz bescheidenen Bezüge deshalb erhält, weil es den Unternehmenszweck des Verkaufens zu unterstützen hat, wird konsequente Markt- und Kundenorientierung möglich sein.

Rollenprobleme aufspüren

Wenn Sie als Verkäufer Probleme mit Ihrer „Rolle" haben, sollten Sie schleunigst versuchen, diese zu beheben, ansonsten werden Sie Ihr Leistungspotential niemals ausschöpfen können. Stellen Sie sich zur Überprüfung Ihres „Identifikationsgrades" deshalb einmal die folgenden Fragen:

■ *Habe ich innere Konflikte in bezug auf meinen Beruf als Verkäufer verdrängt?*
Vielleicht war „Verkäufer" eigentlich nicht Ihr Traumjob, als Sie eine entsprechende berufliche Laufbahn eingeschlagen haben. Von Ihren Freunden und Bekannten wurden Sie damals als „Klinkenputzer" gehänselt. Und irgendwie hat sich in Ihrem

Unterbewußtsein die Überzeugung festgesetzt, daß Sie aufgrund Ihres Berufes ein negatives Image weghaben.

- *Verstehe ich mich mit meinen Vorgesetzten, Mitarbeitern und Kollegen gut?*
Viele Identifikationskonflikte resutlieren auch aus Unstimmigkeiten im sozialen Umfeld. Wenn Sie zum Beispiel einen Vorgesetzten haben, der Ihre Leistungen nicht anerkennt oder Kollegen, die Sie nicht vollständig integrieren, dafür aber um so mehr intrigieren, raubt Ihnen das ebenfalls eine Menge Power.

- *Identifiziere ich mich 100prozentig mit meinem Unternehmen, mit den Produkten und Dienstleistungen, die ich als Verkäufer anbiete?*
Jeder von uns strebt danach, das, was er macht, ohne Wenn und Aber „unterschreiben" zu können. Das, was sie als Verkäufer anbieten, muß in Einklang mit Ihrer Persönlichkeit und Ihren Überzeugungen stehen. Als aktiver Umweltschützer sollten Sie niemals als Autoverkäufer arbeiten, denn Automobile sind nicht „umweltfreundlich", wie uns manche Werbung glauben machen will, sondern höchstens relativ wenig umweltfeindlich. Als Motorennarr sollten Sie besser nicht als Versicherungsverkäufer tätig sein, sondern dann wiederum als Autoverkäufer, denn zum erfolgreichen Verkaufen gehört immer die Begeisterung des Verkäufers, und Begeisterung resultiert nur aus der völligen Identifikation mit einer Aufgabe.

- *Werde ich durch meine aktuelle Aufgabe ausreichend gefordert?*
Wenn Sie Jahr für Jahr denselben Kunden immer nur dieselben Produkte anbieten, ist es kein Wunder, wenn Ihnen irgendwann einmal schlichtweg die Lust fehlt, sich engagiert für Ihre Produkte einzusetzen. Nur eine ständige Erweiterung der Aufgaben und Kompetenzen kann auf Dauer motivieren.

Setzen Sie sich regelmäßig mit diesen Fragen auseinander, und versuchen Sie, eventuelle Hemmnisse, die Sie mental blockieren, aus dem Weg zu räumen. Nur so werden Sie durch die Identifikation mit Ihrem Beruf als Verkäufer die Kunden- beziehungsweise Verkaufsorientierung erreichen, die Sie benötigen, um sich in der Menge Ihrer Mitbewerber durchzusetzen (die Lebensqualität, die für Sie selbst aus der Identifikation mit Ihrem Beruf resultiert, soll natürlich auch nicht vernachlässigt werden).

Jeder im Unternehmen ist Verkäufer

Doch um Verkaufs- und Kundenorientierung vollständig umzusetzen, müssen wir noch sehr viel weiter gehen: Jeder, wirklich jeder in einem Unternehmen, muß sich als Verkäufer verstehen und die Verkäuferperspektive einnehmen, die Perspektive vom eigenen Unternehmen auf die Kunden und den Markt. Jeder Mitarbeiter muß einen Mehrwert schaffen, für den der Kunde bereit ist zu bezahlen. Jeder Mitarbeiter muß wissen, welche seiner Leistungen den Kunden zugute kommen. In dieser Forderung steckt sehr viel. Wenn sie umgesetzt wird, wird automatisch auch die Forderung nach dem Unternehmergeist auf allen Unternehmensebenen realisiert.

Das persönliche Leistungsprofil der neuen Verkäufergeneration

Das richtige Selbstverständnis als Verkäufer allein genügt jedoch noch nicht, die völlige Identifikation mit dem Verkäuferberuf ist noch nicht genug, um in hart umkämpften Märkten bestehen zu können. Erforderlich ist ein *persönliches Leistungsprofil*, das exakt auf den Beruf Verkäufer zugeschnitten ist. Erinnern wir uns noch einmal: Der Verkäufer der Zukunft muß sowohl die Interessen seines Unternehmens als auch die Interessen seiner Kunden wahren und vertreten können, und er muß, last, but not least, auch seine eigenen Interessen durchsetzen können – und dies im Spagat zwischen Team-Arbeit und eigenverantwortlichem und eigenständigem Vorgehen. Wahrlich kein leichter Job, doch mit den folgenden Persönlichkeitsfaktoren für den Verkäufer der Zukunft auch kein Problem!

Abschlußstark durch Selbstbewußtsein

Der Persönlichkeitsfaktor Selbstbewußtsein hängt mit dem richtigen Verkäuferbewußtsein zusammen. Auch dieser Faktor hat etwas mit dem Bestreben zu tun, erfolgreich den Abschluß anzustreben. Verkäufer müssen sicher und selbstbewußt ihren Standpunkt vertreten können.

Selbstbewußt können Sie Ihre Kunden leichter überzeugen.

Sie dürfen sich nicht durch „clevere" Fragen ihrer Kunden aus der Ruhe bringen lassen. Ein Verkäufer, der bei einer Rückfrage des Kunden unsicher wird, sich verhaspelt und irgendeine Antwort zusammenstottert, wird keinen Abschluß machen. Beim Kunden gehen alle Warnlampen an: Vorsicht, der ist nicht einmal selbst von seinem

Angebot überzeugt! Treten Sie also immer selbstbewußt auf. Dies erreichen Sie am besten, wenn Sie sehr gut über das Leistungsangebot Ihres Unternehmens informiert sind und wenn Sie hinter diesem Leistungsangebot stehen, sich mit ihm identifizieren. Außerdem müssen Sie den Bedarf Ihrer Kunden genau kennen, um selbstbewußt ein wirklich gutes Angebot machen zu können. (Wie Sie ein entsprechendes Gespräch kundenindividuell vorbereiten können, erfahren Sie später.)

Sie sollten sich aber auch klarmachen, ohne daß Ihr Selbstbewußtsein darunter leidet, daß auch Sie nicht alles wissen können, daß es also Fragen Ihrer Kunden geben wird, die Sie nicht, zumindest nicht sofort, beantworten können. Dies ist aber auch eine hervorragende Gelegenheit, Ihr Engagement zu beweisen. Bieten Sie Ihrem Ansprechpartner an, ihm die Information zu beschaffen: „Im Moment muß ich da leider passen, aber ich verspreche Ihnen, daß ich Ihnen morgen früh per Fax die entsprechenden Zahlen zukommen lasse." Oder, je nach Situation vielleicht sogar noch besser, greifen Sie zu Ihrem Handy und rufen einen Kollegen an mit der Bitte, die erforderlichen Daten kurz durchzugeben. Einen solchen Einsatz wird Ihr potentieller Kunde zu schätzen wissen.

Unternehmenskonformes Erscheinungsbild

Sicherlich sind Sie schon einmal in einem überdurchschnittlichen Restaurant von einem Kellner bedient worden, dessen Oberhemd schon lange nicht mehr mit frühlingsfrischen Waschmitteln in Berührung gekommen ist. Dafür gab das Hemd lebhaft Auskunft über die Tageskarte. Die Qualität dieses Restaurants werden Sie dann bestimmt heftig angezweifelt haben. Warum? Ganz einfach: Sie haben das Erscheinungsbild des Kellners – auch er ist ein Verkäufer – auf die Leistungen des Restaurants übertragen. Deshalb ist es immer wichtig, daß eine Harmonie zwischen Angebot und Auftreten besteht, ein

Verkäufer sollte immer dem Image seines Hauses entsprechen. Und weil die Images der einzelnen Unternehmen unterschiedlich sind, kann auch kein immer und überall gültiges Outfit empfohlen werden. Ein Versicherungsvertreter wird in der Regel andere Kleidungsstücke im Schrank haben als der Verkäufer eines Elektrogitarren-Herstellers.

Das Erscheinungsbild des Verkäufers wird auf das Unternehmen übertragen, das er repräsentiert.

Denken Sie immer daran, daß das Image, das der Verkäufer repräsentieren sollte, für den Kunden auch einen Mehrwert darstellt, auf den er nicht verzichten möchte. Eine Designeruhr für 35 000 Mark will die entsprechende Kundschaft von einer gestylten Verkäuferin in edlem Designeroutfit erwerben und nicht von einem altbackenen „Hausmütterchen".

Höflichkeit: Eine Tugend am Hof von König Kunde

Ein wichtiges Steuerelement sozialen Verhaltens ist die Höflichkeit, eine Eigenschaft, die leider mehr und mehr in Vergessenheit zu geraten scheint. Damit keine Mißverständnisse aufkommen: gemeint ist nicht Anbiederei, denn diese Verhaltensweise sorgt beim Gegenüber eher für Betretenheit und ist somit alles andere als höflich. Höflichkeit folgt einem Regelsystem, das das zwischenmenschliche Verhalten erleichtert. Ihre Einhaltung ist Ausdruck der Wertschätzung des Ansprechpartners.

Das Wort Höflichkeit bezog sich ursprünglich auf das Verhalten, das bei Hofe angemessen war, der wichtigste Hof war der des Königs. Und weil heute König Kunde Hof hält, liegt die Notwendigkeit höflichen Verhaltens natürlich auf der Hand. Die wichtigsten Elemente höflichen Verhaltens, die ein Verkäufer immer einhalten sollte, sind:

- *Hören Sie Ihrem Gesprächspartner zu.* Lassen Sie ihn ausreden. Geben Sie positives Feedback zu dem, was er sagt. Auch wenn es immer Ihr Ziel sein sollte, die Zügel der Gesprächsführung in der Hand zu behalten, sollten Sie Ihrem Gesprächspartner keinen starren Gesprächsverlauf aufzwingen

- *Sehen Sie Ihren Gesprächspartner an.* Nichts drückt so sehr Geringschätzung aus wie ein Blick, der während eines Gesprächs über die Bilder an der Wand gleitet, den Rasen vor dem Fenster begutachtet, ab und zu zur Uhr wandert, um sich dann vom korrekten Halt der Schnürsenkel zu überzeugen.

- *Sorgen Sie dafür, daß Ihr Gesprächspartner sich wohl fühlt.* Wenn er bei Ihnen zu Gast ist, „umsorgen" Sie ihn. Bieten Sie ihm eine bequeme Sitzgelegenheit an. Versorgen Sie ihn mit Getränken oder einem kleinen Imbiß. Sorgen Sie dafür, daß das Gespräch in einer lockeren, angenehmen Atmosphäre stattfindet.

- *Halten Sie sich unbedingt an Abmachungen.* Eine Abmachung, die nicht eingehalten wird, wird als Geringschätzung und somit als grob unhöflich empfunden. Sollten Sie eingegangenen Verpflichtungen dennoch nicht nachkommen können, geben Sie Ihrem Kunden rechtzeitig Bescheid und nennen Sie ihm die entsprechenden Gründe.

- *Pflegen Sie ein angemessenes Understatement.* Nehmen Sie sich selbst soweit wie möglich zurück, dadurch geben Sie Ihrem Kunden beziehungsweise Ansprechpartner mehr Raum, um seine Persönlichkeit „auszubreiten".

Die Sprache des Kunden sprechen

Ein äußerst wichtiger persönlicher Leistungsfaktor ist die Fähigkeit, mit einem Ansprechpartner angemessen zu kommunizieren, sei es schriftlich, telefonisch oder im direkten Gespräch. Die grundlegende Fähigkeit hierfür ist die, sich richtig in den Ansprechpartner einzufühlen. Diese Fähigkeit ist Bestandteil der sogenannten emotionalen Intelligenz, und die ist für den Verkäufer der Zukunft so elementar, daß ihr später noch ein eigener Abschnitt gewidmet werden wird.

Doch zunächst zum Ausdruckvermögen: Angemessene Kommunikation bedeutet, daß Sie stets eine Ausdrucksform wählen, die sowohl Ihnen und Ihrem Unternehmen als auch Ihrem Kunden und dessen Unternehmen entspricht. Sprache birgt ein extrem hohes Identifikationspotential. Begeben Sie sich mit Ihrer Sprache deshalb in die Welt des Kunden, die psychologische Distanz wird dadurch sofort um einiges reduziert. Achten Sie dabei insbesondere auf die folgenden Faktoren:

- Sprechen Sie die Sprache des Kunden, passen Sie sich ihm zum Beispiel an, was den Gebrauch von Fremd- und Fachwörtern angeht. Geben Sie sich etwas lockerer, wenn Ihr Ansprechpartner ein eher lässiger Typ ist.

- Drücken Sie sich so aus, daß Ihr Ansprechpartner auch wirklich verstehen kann, was Sie meinen. Setzen Sie also lieber weniger Vorkenntnisse voraus als zu viele. Holen Sie bei wichtigen Erklärungen also ruhig ein bißchen weiter aus.

- Konzentrieren Sie sich auf das, was für Ihren Ansprechpartner wichtig und interessant ist. Hierzu gehören natürlich die geschäftlichen Hardfacts. Episoden aus Ihrem Privatleben können aber ebenso wichtig sein: der letzte Urlaub, Ärger mit dem PKW oder Freude über den Nachwuchs. Zu erkennen, in welchem Maß und ob überhaupt Berichte aus dem Privatleben ankommen, erfordert ein hohes Maß an sozialer Kompetenz. Der eine Ansprechpartner fühlt sich bei der Schilderung, wie Sie in Italien versucht haben, einen Tankwart mittags rauszuläuten, sofort wohl und erzählt, wie er letztes Jahr ohne einen Tropfen Benzin mitten in der Toskana stand. Doch Vorsicht! Einem anderen Gesprächspartner können solche Erzählungen bereits zu „intim" sein und seine „Schutzzone" aus seiner Sicht verletzen.

Den Kunden überzeugen, nicht überreden

Die besten Produkte und Leistungen zu den günstigsten Preisen nützen nichts, wenn sie nicht überzeugend angeboten werden können. Leider verwechseln immer noch viel zu viele Verkäufer *überzeugen* mit *überreden*. Überredet wird jemand, wenn er durch penetrante Verbalattacken in die Ecke gedrückt wird und praktisch gar nicht mehr anders kann, als einen weiteren Staubsauger oder Kleinwagen zu kaufen, obwohl seine alten Gebrauchsgegenstände eigentlich noch ganz in Ordnung sind. Überzeugt wird jemand ausschließlich durch die Kraft der Argumente. Daß die natürlich auch zweck-, das heißt abschlußorientiert eingesetzt werden können, ist klar, aber stimmen müssen sie.

> **Für langfristige Geschäftsbeziehungen ist es wichtig, Kunden zu überzeugen und nicht zu überreden.**

Bei der Argumentation für einen bestimmten Kaufabschluß gilt es immer zu bedenken, daß die Zahl der Argumente, die grundsätzlich für einen Kauf sprechen, sehr groß sein kann. Es müssen also die besten Kaufargumente ausgewählt werden. Ein erfolgreicher Verkäufer argumentiert deshalb immer aus der Perspektive des Käufers. Weil er als höflicher Mensch immer konzentriert zuhört, was sein Ansprechpartner sagt, hat er sich die Argumente gemerkt, die aus der

Sicht des jeweiligen Ansprechpartners für eine Kaufentscheidung sprechen. Geschickt können dann diese Faktoren in den eigenen Argumentationsgang eingebaut werden. Zur Überzeugungsarbeit gehört es jedoch nicht nur, die kundenbezogenen positiven Faktoren aufzuführen, sondern auch gleich einer möglichen Kritik zuvorzukommen. Der Überzeugungsprofi nennt also von sich aus die Kritikpunkte, von denen er erwartet, daß sie von seinem Gegenüber ins Feld geführt werden könnten. Bei der Entkräftigung der vermuteten Kritik verwendet er natürlich wieder kundenbezogene Positivargumente.

Mit positiver Ausstrahlung zu positiven Kundenkontakten

Unterstützt wird die Überzeugungsarbeit und jeder Kundenkontakt generell durch die Ausstrahlung des Verkäufers. Viele sind leider fest davon überzeugt, lediglich soviel Ausstrahlung wie ein Glas Wasser zu haben, was leider oft dazu führt, daß sie auch so wahrgenommen werden.

Positive Ausstrahlung ist eine Voraussetzung für positive Kundenkontakte.

Doch Ausstrahlung kann man „lernen" oder besser gesagt erwerben. Über Ausstrahlung verfügt grundsätzlich jeder Mensch, der seine eigene Mitte gefunden hat. Jeder, der mit sich und der Welt zufrieden ist, wirkt einfach positiv, ob er will oder nicht. Und nur der, der mit sich selbst zufrieden ist, kann auch anderen gegenüber offen sein. Wer in sich keine inneren Spannungen austragen muß, hat automatisch den Blick nach außen gerichtet, aufmerksam beobachtet er sein Umfeld und seine Mitmenschen, für die er sich auch interessiert, und diese innere Ruhe, diese Offenheit und dieses Interesse wirken einfach so positiv, daß ein Gesprächspartner sofort einen ausgezeichneten Eindruck erhält.

Zur Ausstrahlung gehört jedoch auch, daß Körper und Geist in Einklang sind, daß sie eine Einheit bilden, daß der Geist sich in seinem „Behältnis" sichtbar wohlfühlt. Jeder muß für sich selbst herausfinden, welches für ihn der Körperzustand ist, der ihn mit der größten „Wellness" versorgt. Vielleicht fühlen Sie sich nur wohl, wenn Sie gut durchtrainiert sind und über die Jahre hinweg konstant zwischen 75 und 80 Kilogramm wiegen. Vielleicht gehören Sie aber auch zu denen, die gerne gut essen und ein Glas Wein genießen und gerne auf jegliche Art sportlicher Aktivität verzichten mit dem Ergebnis, daß mit der Zeit doch das eine oder andere Fettpolster zu sehen ist. Was soll's, stehen Sie dazu! Und genau darauf kommt es an: Stehen Sie zu sich selbst, Sie werden dann eine so positive Ausstrahlung haben, daß auch Ihre Kunden zu Ihnen stehen werden.

Durchsetzungsvermögen und Biß

Wie bereits gesagt, muß das oberste Ziel des Verkäufers der Abschluß sein, ob kurz-, mittel- oder langfristig. Um diesen zu erreichen, muß er jedoch über ein hohes Maß an Durchsetzungsvermögen verfügen. Wichtigste Basis des Durchsetzungsvermögens ist ein gewisser Sportsgeist, der dem Verkäufer zugleich Lockerheit, aber auch den nötigen Biß gibt, den er im Akquisitionsprozeß unbedingt benötigt. Ein Verkäufer, der auf den ersten Einwand des Kunden gleich mit „Na gut, Sie müssen ja nicht unbedingt etwas kaufen, macht ja nichts" reagiert, hat den Beruf verfehlt. Jedes „Nein" muß vom Verkäufer als eine Herausforderung an seine Fähigkeiten verstanden werden, jede Kritik muß seinen Sportsgeist aktivieren.

Auch wenn es im Berufsleben um ernste Angelegenheiten, nämlich um Geschäfte und Abschlüsse geht, wird hier deutlich, daß Verkäufer auch spielerisch veranlagt sein müssen. Natürlich sollten Sie kein verantwortungsloser Zocker sein, doch sollte es Ihnen durchaus Spaß machen, den Verkaufsprozeß auch als eine Art Spiel zu erleben. Teilnehmer sind Sie und Ihr potentieller Kunde. Ihr Ziel ist es, ein bestimmtes Produkt zu verkaufen, das Ziel Ihres Gegenüber ist es, einem Kaufabschluß auszuweichen. Jeder Zug Ihres Ansprechpartners eröffnet Ihnen wieder eine bestimmte Menge an Reaktionsmöglichkeiten: vorläufiger Rückzug, Abwarten, Offensive? Doch eines müssen Sie immer im Auge behalten: Ihr Ziel, den Abschluß. Und Sie müssen konsequent versuchen, dieses Ziel auch zu erreichen.

Auch wenn in Zukunft immer mehr „weiche" Persönlichkeitsfaktoren wie beispielsweise Einfühlungsvermögen gefragt sind, sind dennoch die „harten" Eigenschaften Durchsetzungsvermögen und Biß die Qualitäten, über die der neue Verkäufer unbedingt verfügen muß.

Die Vorstellung ist schrecklich, daß einem guten Verkäufer kurz vor dem Abschluß des Geschäfts seines Lebens die Puste ausgeht: Eigentlich hat er seinen Ansprechpartner ja auch schon auf seiner Seite, nur ziert der sich noch ein bißchen, um nicht als leicht überzeugbar zu erscheinen. Dem Verkäufer fehlt dann leider der nötige Biß, er gibt auf und kann sich nicht durchsetzen. Schade um das gute Geschäft!

Partnerschaftlichkeit gleich Kundenfreundlichkeit

Das „Spiel des Verkaufens" ist jedoch ein ganz besonderes Spiel. Jeder Verkäufer muß den Rat „Mensch ärgere dich nicht" beherzigen können, wenn er eine Schlappe einstecken muß. Und er darf nie seine Verkaufsstrategie darauf auslegen, seinen Kunden „Schach matt" zu setzen. Jeder Verkäufer sollte stets das Partner-Prinzip verfolgen, und eine Partnerschaft sollte stets von den folgenden Faktoren geprägt sein:

- *Sympathie:* Partner müssen sich zumindest gut leiden können. Die Chemie muß stimmen, wie es so schön heißt. Das soll natürlich nicht heißen, daß wir nur solche Geschäftspartner haben sollten, die wir auch gerne privat als Freunde hätten. Aber eine gemeinsame Wellenlänge sollte schon gegeben sein. Und eins ist sicher: Je größer die Sympathie füreinander, desto leichter laufen die Geschäfte miteinander.

- *Offenheit:* Eine gute Partnerschaft zeichnet sich besonders dadurch aus, daß jeder dem anderen alles sagen kann, was vor allem für Kritik gilt. Jede Kritik hat eine bestimmte Verbesserung als Ziel. Und wenn in einer Partnerschaft das Verhalten des einen „optimiert" wird, profitiert automatisch auch der andere davon. Ein Verkäufer sollte deshalb kritisieren können, er sollte dies aber konstruktiv tun, also immer mit einer Idee, was denn wie besser zu machen wäre. Ein Verkäufer sollte Kritik aber auch annehmen können, er sollte darin immer eine Chance sehen, sich selbst zu verbessern.

- *Gemeinsame Interessen und Ziele:* Partnerschaften sind immer auch durch gemeinsame Interessen oder Ziele geprägt. Mit seinem Lebenspartner strebt man im materiellen Bereich ein Eigenheim an, oder man hat sich das Ziel gesetzt, jedes Jahr zusammen eine vierwöchige Fernreise zu machen. Als Verkäufer sollten Sie mit Ihrem Kunden im Rahmen einer langfristigen Partnerschaft ebenfalls gemeinsame Interessen und Ziele entwickeln. Der Verkäufer muß gewissermaßen zum Komplizen des Kunden werden. Ein Verkäufer eines Unternehmens, das mittelständische Firmen mit Produktionsplanungssystemen versorgt, hatte sich zum Beispiel zum Ziel gesetzt, durch eine effektive Kooperation, seinem wichtigsten Kunden, einem Maschinenbauer, dazu zu verhelfen, in einem bestimmten Marktsegment die Führungsposition einzunehmen. Nach fünf Jahren war dieses Ziel erreicht. Der Kunde konnte ein zweites Werk bauen, dessen elektronische Steuerelemente er natürlich von seinem „alten" Verkäufer und Partner bezieht. Die Interessen beider Unternehmen konnten auf diese Weise hervorragend miteinander verbunden werden.

- *Vertrauen:* Keine Partnerschaft ohne Vertrauen. Wer sich dem anderen öffnet, wer seine eigenen Interessen mit denen des anderen verbindet, wird verletzbar. Es muß also unbedingt gewährleistet sein, daß die partnerschaftliche Beziehung nicht ausgenutzt wird. Keiner darf aus der Offenheit des anderen eigene Vorteile ziehen und damit dem anderen schaden. Der klassische Fall, in dem Vertrauen auf die Probe gestellt wird, ist der, wenn ein Verkäufer für miteinander konkurrierende Kunden tätig ist. Diskretion ist hier ein absolutes Muß. Ein Verkäufer, der „ganz im Vertrauen" einem Kunden Betriebsgeheimnisse von dessen Konkurrenten verrät, weckt natürlich das Mißtrauen des Kunden, daß der Verkäufer auch Informationen aus seinem Unternehmen an ungeeigneter Stelle „publiziert". Vertrauen bedeutet aber auch, daß sich ein Kunde darauf verlassen kann, von „seinem" Verkäufer immer mit den besten Informationen versorgt zu werden, was Produkt- und Marktentwicklungen anbelangt.

- *Kernbereich und Freiräume:* Jede Partnerschaft besteht aus einem Kern relativ fester Abmachungen und Verhaltensweisen. Darüber hinaus muß es aber auch Freiräume geben, die unabhängig vom Partner gestaltet werden. Die Partnerschaft zu einem Kunden darf nicht soweit gehen, daß diesem alle Vorhaben, Pläne oder aktuellen Projekte offengelegt werden. Genauso muß ein Verkäufer aber auch dafür Verständnis haben, daß es Bereiche gibt, die ihn selbst einfach nichts angehen.

Langfristige Kundenbeziehungen bauen auf einem partnerschaftlichen Verhalten des Verkäufers auf. Gerade in Märkten, die einer starken Dynamik unterworfen sind, ist die Partnerschaft eine Konstante, die über turbulente Zeiten hinweghilft. Eine partnerschaftliche Beziehung kann aber nur effektiv umgesetzt werden, wenn die Partner auch aktiv miteinander kooperieren. Bloße Sympathie führt zu nichts. Die erforderliche Kooperationsfähgikeit in bezug auf Kunden basiert auf zwei Voraussetzungen:

- Ein Verkäufer muß wissen, welche Bereiche der Zusammenarbeit mit einem Kunden interessant und fruchtbar sein können. Gefragt sind hier Kreativität und innovatives Denken.
- Als zweites müssen diese Ideen auch umgesetzt werden. Hier sind Macherqualitäten gefragt.

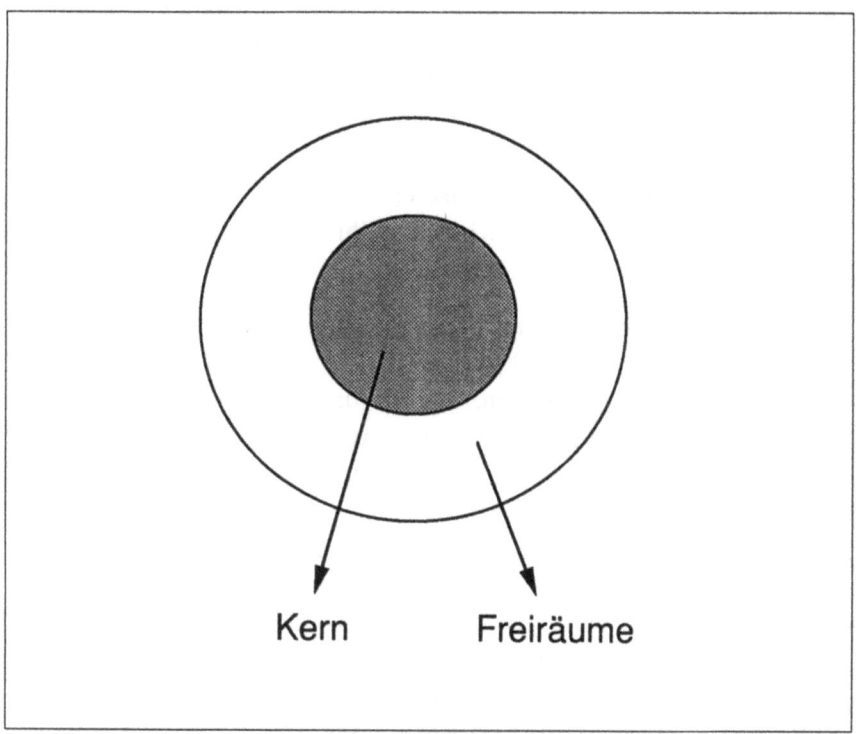

Die Partnerschaft mit Ihren Kunden muß durch einen festen Kern und lockere Freiräume geprägt sein

Kooperationsfähigkeit muß ein Verkäufer auch gegenüber seinen Kollegen, Vorgesetzten oder Mitarbeitern beweisen. Die Zeiten weitgehend isolierter Einzelkämpfer sind vorbei. Wie gesagt, ist der Verkäufer der Zukunft ein Teamworker.

Konfliktfähigkeit

Verkäufer sollten zwar nicht unbedingt streitlustig sein, genauso wenig sollten sie aber ihren Kunden (und ihren Kollegen) gegenüber einen „Kuschelkurs" fahren. Prinzipiell sollten Sie Konflikten nicht aus dem Weg gehen. Wenn Ihr Kunde sich zum Beispiel regelmäßig sehr lange Zeit läßt, bis er endlich einen Rechnungsbetrag überweist, sollten Sie ihn direkt darauf ansprechen. Harmoniesucht kann hier zu hohen Außenständen und einem leeren Bankkonto führen. Auch ein Kunde, der regelmäßig unberechtigt an Ihren Leistungen herumnörgelt, sollte angemessen gebremst werden.

Jeder Konflikt bietet die Chance, die Zusammenarbeit zu optimieren. Wichtig ist dabei auch, daß Konflikte immer sofort angesprochen werden. Alle Unstimmigkeiten, die auf die lange Bank geschoben werden, haben dort genügend Zeit, um größer zu werden. Sie kennen diesen Mechanismus bestimmt auch aus Ihrer Partnerschaft: Der Lebenspartner nimmt zum Beispiel die Angewohnheit an, die vielzitierte Zahnpastatube nach Gebrauch nicht mehr zu verschließen. Das Ergebnis ist ein vertrockneter Zahnpastatopfen, der nur durch erhöhten Druck auf die Tube zu beseitigen ist. Allerdings schießt dann auch gleich ein ordentliches Stück Zahncreme hinterher. Zehnmal, fünfzehnmal, zwanzigmal wird um des lieben Friedens willen nichts gesagt, bis Ihnen beim 21. Mal der Kragen platzt. Die Reaktion ist dann allerdings sehr heftig und der Sache meistens unangemessen.

Also, lieber gleich „meckern", als später explodieren. Außerdem: Wer die Angewohnheit hat, Konflikte zu verdrängen, trägt bald eine ganze Menge an latentem Ärger mit sich herum.

> **Jeder Konflikt bietet die Chance,
> die Zusammenarbeit zu optimieren.**

Dies kann soweit führen, daß irgenwann einmal die Qualität einer Partnerschaft leidet, obwohl jeder einzelne Konflikt eigentlich Kinderkram wäre. Aber auch hier gilt: Die Menge macht's. Und so bergen auch viele Kleinigkeiten zusammen ein enormes Konfliktpotential. Zu einem Kunden, der Sie permanent mit irgendwelchem Kleinkram nervt, gehen Sie irgendwann nicht mehr gerne hin.

Kompromißfähigkeit: Das Sieger-Sieger-Prinzip

Jeder, der Konflikte mit anderen austrägt, weiß, daß man nicht immer als „Sieger" abtreten kann. Auch hier gilt wieder das Gewinner-Gewinner-Prinzip, und das besagt in bezug auf Konflikte: Lieber auf beiden Seiten ein kleiner Sieg als auf einer Seite ein großer Sieg und auf der anderen Seite eine Niederlage.

> **Ein Kompromiß erlaubt es beiden Partnern zu siegen.**

Denn jede Niederlage unseres Partners ist auch eine Niederlage für uns selbst. Nur Kompromisse bringen uns gemeinsam weiter. Die Eigenschaft, sich der Position des anderen annähern zu können, zeigt sich zum Beispiel auch bei Zielbildungsprozessen. Wie wir wissen, sind gemeinsame Ziele eine Eigenschaft starker Partnerschaften, doch eine einheitliche Position muß meistens in einem Prozeß der Annäherung ausgehandelt werden.

Es handelt sich dabei oft um einen „Drahtseilakt", bei dem es darum geht, die Balance zwischen den eigenen Interessen und den Interessen des anderen nicht zu verlieren. Die Fähigkeit, Kompromisse einzugehen, beweist sich zum Beispiel, wenn es um die Wurst, sprich den Abschluß geht. Sie als Verkäufer geben eine bestimmte Kaufsumme vor, der Kunde schlägt eine Summe vor, die nicht einmal Ihre Kosten decken würde. Dann geht es ein paarmal hin und her, bis schließlich eine Summe in der Mitte als Kaufpreis feststeht. Ein übliches Ritual, mit einem üblichen Ergebnis, das man eigentlich abschaffen könnte, wie etwa die Tarifverhandlungen zwischen Arbeitgeberverbänden und Gewerkschaften. Doch weil wir Menschen eben keine logischen, sondern *psycho*-logische Wesen sind, wird es solche Verhandlungen mit Sicherheit immer geben. Bei einem Kompromiß kann jeder von seiner Position etwas durchsetzen, also einen Gewinn verzeichnen. Jeder kann sein Gesicht wahren, und jeder kann eine gewisse Art an kalkulierter Großzügigkeit beweisen, indem er auf den anderen etwas zugeht.

Teamgeist und Toleranz

Teamgeist ist ein wesentlicher persönlicher Erfolgsfaktor des neuen Verkäufers. Ich habe schon mehrmals auf die Bedeutung von Teamstrukturen für das Verkaufen von morgen hingewiesen, und eines der folgenden Kapitel wird dieses Thema noch etwas ausführlicher behandeln. Doch Vorsicht: Teamgeist zu haben bedeutet nicht, nach wie vor als Einzelkämpfer Teams für seine eigenen Zwecke auszunutzen. Teamgeist bedeutet, die Motivation für den täglichen Arbeitseinsatz aus der Gemeinschaft zu ziehen. Ein teamorientierter Verkäufer denkt nicht: *„Ich werde das schaffen"*, sondern *„Wir werden das Ding schon schaukeln"*. Teamgeist bedeutet immer auch, Erfolge mit anderen teilen zu können. Teamgeist bedeutet, anderen einen Vertrauensvorschuß zu geben, und Teamgeist bedeutet schließlich, Verantwortung für andere zu übernehmen. Teamgeist setzt aber immer auch Toleranz voraus, Toleranz gegenüber anderen Meinungen und Ansichten. Toleranz ist die Basis, auf der eine Gemeinschaft wie ein Team erst möglich wird. Ellbogennaturen haben in Teams nichts zu suchen. Tolerant zu sein bedeutet jedoch nicht, sich anderen Meinungen immer zu beugen oder anzupassen. Es bedeutet vielmehr, offen zu sein für andere Ansichten, bereit zu sein, von anderen zu lernen. Toleranz ist immer auch eine Voraussetzung, um sich selbst weiterentwickeln zu können, nämlich dadurch, daß man von anderen etwas annimmt. Ein toleranter Verkäufer erhält sich durch seine Offenheit also die Flexibilität, die er unbedingt benötigt, um sich zum Beispiel rasch neuen Umweltbedingungen anzupassen.

Durchhaltevermögen:
Der Verkäufer als Marathonläufer

Während Verkäufer in Zeiten verkaufsorientierter Wachstumsmärkte eher mit Kurzstreckenläufern vergleichbar waren, die kurze Distanzen zum Kunden relativ unbehindert und schnell zurücklegen konnten, gleicht der Verkäufer der Zukunft einem Langstreckenläufer, der regelmäßig auch noch respektable Hürden überwinden muß. Es kommt wohl nicht von ungefähr, daß sich bei erfolgreichen Verkäufern zunehmend Ausdauersportarten, wie beispielsweise Joggen, einer immer größeren Beliebtheit erfreuen. Wer auf langen Strecken gewinnt, wird im Kopf entschieden. Jeder Marathonläufer weiß, daß nach einer gewissen Strecke der erschöpfte Körper nur durch die Zähigkeit des Willens weitergetrieben wird. Dieser „mentale Biß" kann antrainiert werden, und er beweist sich dann in allen Situationen, in denen Durchhaltevermögen und Zähigkeit gefragt sind, bei Freizeitbeschäftigungen genauso wie im Geschäftsleben.

Ein typisches Beispiel für „Marathonläufe" im Verkaufen ist die Neukundengewinnung. Hier ist fast immer eine hervorragende Kondition gefragt. Wenn Sie einen neuen Kunden gewinnen wollen, befinden Sie sich mit vielen Mitbewerbern gemeinsam am Start. Erst mit der Zeit wird sich das Feld lichten. Der eine oder andere wird zurückfallen, und andere werden nach und nach aufgeben.

Der Verkäufer der Zukunft ist ein Marathonläufer im Wettlauf um Kunden und Märkte.

Ich habe einmal einen erfolgreichen Marathonläufer gefragt, wie er es schafft, sich durch diese Wahnsinnsstrecke durchzubeißen. „Ganz einfach", antwortete er, „wenn ich schon total erschöpft bin, denke ich: Ein Kilometer geht noch. So treibe ich mich von Kilometer zu Kilometer und bin plötzlich am Ziel. Ich darf mir nie die ganze restliche Strecke vor Augen halten, wenn ich schon nach 20 Kilometern so ziemlich am Ende bin." Denken Sie deshalb immer auch bei Ihrer Neukundengewinnung in „Kilometerabschnitten". Der Weg zu einem neuen Kunden kann sehr lang sein und als Ganzes eine scheinbar kaum zu bewältigende Aufgabe darstellen. Psychologisch wichtig ist es deshalb, sich an kleinen, leicht zu bewältigenden Abschnitten zu orientieren. Wenn das dritte Mailing erfolglos ist, dann machen Sie noch ein viertes, und wenn dieses ohne Wirkung bleibt, lassen Sie ihm noch ein fünftes folgen.

Durch Engagement zum internen Unternehmer

Von Mitarbeitern im allgemeinen, insbesondere aber von Verkäufern wird gefordert, daß sie sich in ihrem jeweiligen Unternehmen wie selbständige Unternehmer verhalten. Merkmal erfolgreicher Unternehmer ist jedoch, daß sie handlungsorientiert sind und über ausgeprägte Macherqualitäten verfügen.

Analysen, Untersuchungen und Erhebungen sind schön und gut, wenn jedoch niemand etwas unternimmt, niemand unternehmerisch aktiv wird, sind die besten Zahlen wertlos. Für Verkäufer gilt deshalb immer, das Gesetz des Handelns zu ergreifen.

Nur intensives Engagement sichert selbständiges, unternehmerisches Handeln.

Wenn Sie nicht engagiert Ihre Märkte in Angriff nehmen, wird dies mit Sicherheit ein anderer tun. Ergreifen Sie also die Initiative, und denken Sie daran: Initiative und Engagement haben sehr viel mit Einsatzfreude zu tun. Nur wer mit Spaß bei der Sache ist, verfügt über dieses vorwärtsstrebende Denken, aus welchem schließlich die Initiative, die Motivation, etwas zu tun, resultiert.

Belastbarkeit: Knochenjob Verkaufen

Der Arbeitstag eines Verkäufers dauert nicht selten von morgens 8 Uhr bis abends 19 Uhr. Während seine Lieben mit Spannung einen Krimi verfolgen, sitzt er oft noch über seinen Unterlagen und bereitet den nächsten Tag vor. Viele Wochenenden und einige Urlaubstage werden ebenfalls der Karriere geopfert. Freizeit wird mehr und mehr zu einem Fremdwort, das der strebsame Verkäufer aus seinem aktiven Wortschatz verbannt hat. Und dabei ist jeder Tag so energiezehrend, daß der geplagte Verkäufer ausgleichende Freizeit und Erholung bitter nötig hätte. Meetings, Kundenbesuche, verschobene Termine, hastige Mahlzeiten in Schnellgaststätten, Streß mit Vorgesetzten oder Mitarbeitern gehören zum ganz gewöhnlichen Alltag. Belastbarkeit ist deshalb eine wesentliche Voraussetzung dafür, daß er seinen Job länger als einen Monat durchhält. Belastbarkeit resultiert aus Fitneß, fit sollte dabei aber nicht nur der Körper sein, sondern auch Geist und Psyche, denn beides hängt untrennbar miteinander zusammen:

▪ Gesunde Ernährung

Ernähren Sie sich also ausgewogen und gesund. Ab und zu mal eine Currywurst an der Imbißbude schadet nicht, wenn Sie als Ausgleich Vollwertkost, viel Obst und Gemüse zu sich nehmen. Wichtig vor allem: sowenig Fett wie möglich. Fett, im Übermaß genossen, wird zu einem Energieräuber ersten Ranges.

▪ Bewegung

Als zweites sollten Sie immer für ausreichend Bewegung sorgen. „Ich bewege mich doch schon genug", werden Sie jetzt vielleicht denken. „In meiner Niederlassung hetzte ich durch die Korridore, und bis ich von meinem Auto schließlich im Büro meiner Kunden bin, ist es auch immer ein ganz schönes Stück. Und wenn ich mit der Bahn reise, gehe ich auch meistens die Viertelstunde zu Fuß zum Bahnhof." Doch diese Art von „Sport" ist hier nicht gemeint. Wenn Sie Sport treiben, sollten Sie völlig abschalten, egal, was Sie machen, ob Sie Joggen, Schwimmen oder Fußball spielen, immer sollte die Bewegung Selbstzweck sein. Sie sollten nicht einmal daran denken, daß Sie Bewegung benötigen, um fit zu bleiben. Derart zweckorientiertes Denken raubt schon wieder den Spaß an der Sache, und den sollten Sie unbedingt haben.

▪ Schlaf

Für Ihre Fitneß ist es auch wichtig, daß Sie gut schlafen, wobei „gut" hier nicht unbedingt „lange" heißt, sondern intensiv und ohne Unterbrechung. Also: abends keinen Kaffe oder Schwarztee mehr, eine leichte Abendmahlzeit spätestens bis 19 Uhr, nicht zuviel Alkohol (ein Glas Rotwein oder ein kleines Bier können jedoch auch positiv für Ihre Nachtruhe sein) und vor allem kein Nikotin (aufs Rauchen sollten Sie ohnehin ganz verzichten, Tabak ist ein Energieräuber ersten Ranges). Erholsamer Schlaf wirkt sich positiv auf den Körper und damit auch auf den Geist aus.

■ Abwechslung

Für Ihren Geist oder Ihre Psyche können Sie aber noch mehr tun: Sorgen Sie für einen Ausgleich zu Ihrem Alltagsdenken, beschäftigen Sie sich in Ihrer Freizeit intensiv mit anderen Inhalten, es reicht schon, wenn Sie sich ein spannendes Buch vornehmen, zu zweit ins Kino gehen oder einfach mit ein paar Freunden in Ihrer Lieblingskneipe zwei, drei Stunden quatschen.

Mißerfolgstoleranz: Auf die Erfolge konzentrieren

Verkäufer, die von einem Erfolg zum anderen fliegen, gehören ins Reich der Märchen. Mißerfolge sind etwas Alltägliches. Machen Sie sich also zunächst einmal bewußt, daß Rückschläge, geplatze Abschlüsse und abgesprungene Kunden im Verkauf einfach dazugehören. Mißerfolge sind nichts Besonderes, das ausschließlich Ihnen widerfährt. Nutzen Sie Ihre Mißerfolge als Feedback zur Optimierung Ihrer zukünftigen Aktivitäten. Fragen Sie sich, was zu dem Mißerfolg geführt hat, welchen Anteil Sie daran haben und was Sie das nächste Mal besser machen können. Halten Sie sich dabei nie zu lange mit der Problemanalyse auf, sondern konzentrieren Sie sich statt dessen auf die Lösung. Als drittes sollten Sie zwar Ihre Mißerfolge als Bestandteil Ihres Berufslebens akzeptieren, aber Sie sollten sich immer auf Ihre Erfolge konzentrieren, auch wenn Sie diese in weitaus geringerer Zahl verbuchen können.

Konzentrieren Sie sich immer auf Ihre Erfolge.
Nur so erhalten Sie ein positives Selbstbild.

Wer sich nur auf seine Mißerfolge konzentriert, gewinnt nach und nach ein negatives Selbstbild: „Ich bin eben ein schlechter Verkäufer." Dieses Negativbild führt dazu, daß man zum Beispiel Kunden gegenüber mit wenig Selbstbewußtsein auftritt, diese verhalten sich dann auch reservierter, was dann dazu führt, daß sich die Mißerfolge weiter mehren. Wer sich jedoch auf seine Erfolge konzentriert, der sieht, daß er wirklich etwas kann, er hat ein positives Selbstbild: „Ich bin ein guter Verkäufer". Entsprechend positiv verhält sich dann auch dieser Verkäufer, selbstbewußt tritt er seinen Kunden gegenüber, die auf dieses Selbstbewußtsein gerne mit einem Vertrauensvorschuß reagieren.

Wenn Sie „down" sind, können Sie sich regelrecht mit zurückliegenden Erfolgserlebnissen „pushen": „Unseren heutigen Stammkunden Müller habe ich damals durch eine hervorragende Akquisitionsstrategie als Kunden gewonnen!" Halten Sie Ihre Erfolge, auch die kleinen, schriftlich fest, schreiben Sie so Ihr persönliches Erfolgsbuch.

Für ein erfolgreiches „Mißerfolgs-Management" stehen Ihnen also die folgenden Strategien zur Verfügung:

- Akzeptieren Sie Ihre Mißerfolge. Sie gehören einfach dazu.
- Beweinen Sie nicht lange Ihre Mißerfolge, sondern suchen Sie nach einer Lösung.
- Vergegenwärtigen Sie sich regelmäßig Ihre bereits erreichten Erfolge.

Einzelkämpferfähigkeiten: Auch solo zum Erfolg

Teamarbeit wird mehr und mehr Ihren Arbeitsalltag prägen. Dennoch, eines ist klar: Über weite Strecken werden Sie sich weiterhin als „Einzelkämpfer" durchschlagen müssen. Zwar müssen Sie nicht über eine Guerillakämpfer-Mentalität verfügen, doch sollten Sie damit klarkommen, tagelang getrennt vom „heimeligen Herd" der Niederlassung, allein von Kunde zu Kunde zu ziehen, dort Gespräche zu führen, die wenig Zeit für persönliche Plaudereien lassen, und regelmäßig Nächte in anonymen Hotels zubringen zu müssen. Je nach Führungsstil Ihres Hauses werden Sie auch weitgehend selbständig Ihre Touren- und Kundenbesuche planen und organisieren müssen und in vielen Fragen des Arbeitsalltags auf sich allein gestellt sein.

Selbständiges individuelles Vorgehen wird auch in Zukunft von Verkäufern erwartet werden.

Eine gewisse psychische Stärke wird hier zur conditio sine qua non, zur Bedingung, ohne die einfach nichts läuft. Ohne mentale Power wird ein solches sozial oft entbehrungsreiches Leben auf die Dauer zur unerträglichen Qual. Deutlich wird hier auch, daß der Verkäufer der Zukunft einen schwierigen Spagat schaffen muß: Einerseits muß er voll teamfähig sein, sich ein- und gegebenenfalls auch unterordnen können, andererseits muß er weitgehend selbständig denken und handeln können und eigenverantwortlich seinen Job gestalten können.

Entscheidungsfreude: Nicht zögern, sondern handeln

Ewige Zauderer verhungern sogar vor gut gefüllten Tellern, weil sie sich einfach nicht entscheiden können, was sie zuerst essen sollen. Verkäufer, die ewig und drei Tage überlegen, ob sie zur Neukundengewinnung lieber ein Direct-Mailing oder doch besser gleich eine Telefonakquise durchführen sollen, machen lange Zeit keines von beiden.

Entscheidungsschwäche lähmt.

Und wenn diese Zauderer sich durchgerungen haben, eine der beiden Möglichkeiten zu realisieren, hängen sie in Gedanken immer noch der anderen hinterher: „Wäre es nicht doch besser gewesen, wenn ich mich gleich ans Telefon gesetzt hätte?" Die entsprechenden Zweifel kosten dann wieder mentale Energie. Also: Entscheiden Sie sich dafür, sich immer schnell zu entscheiden! Lieber ab und zu mal eine falsche Entscheidung, als immer überlegen, zögern und abwarten. Die folgende Geschichte soll den Vorzug der schnellen Entscheidung verdeutlichen:

Die beiden Brüder Peter und Klaus spazieren durch einen Wald. Nach einer längeren Wegstrecke kennen sich beide nicht mehr aus. Sie haben sich verirrt. Vor ihnen gabelt sich der Weg, und sie wissen nicht, welche Abzweigung sie nehmen sollen, um ihr Ziel zu erreichen. Peter schlägt sofort vor: „Laß uns doch einfach den linken Weg einschlagen, wir werden dann schon sehen." – „Meinst du?" gibt Klaus zögerlich zu bedenken „Woher willst du denn wissen, ob das der richtige Weg ist?" – „Weiß ich eben nicht", antwortet Peter „vielleicht ist es ja tatsächlich nicht der richtige." Und der Weg, den Peter einschlägt, ist auch wirklich der falsche und führt ihn zunächst in eine wortwörtlich abwegige Richtung. Doch Peter geht unverzagt weiter, kann nach ein paar Abzweigungen seinen alten Fehler wieder korrigieren und ist nach zwei Stunden am Ziel angelangt. Sein Bruder Klaus jedoch sitzt immer noch vor der ersten Gabelung und kann sich einfach nicht entscheiden, den einen oder den anderen Weg einzuschlagen ...

Dienstleistungsorientierung: Dem Kunden helfen wollen

Dienen und Leisten sind in unserer Gesellschaft nicht gerade die beliebtesten Tätigkeiten, wie wir eingangs gesehen haben. Doch gerade die Dienstleistungsorientierung ist eine Schlüsselkompetenz des Verkäufers der Zukunft, und dies gilt sowohl für den Endverbrauchermarkt als auch für den Business-to-Business-Bereich. Dienstleistungsorientiert sein bedeutet dabei nichts anderes, als einfach hilfsbereit zu sein. Es ist eine elementare Aufgabe eines Verkäufers, seinen Kunden Hilfestellung bei der Befriedigung ihrer Bedürfnisse oder bei der Lösung ihrer Probleme und Aufgaben zu bieten. Wichtig sind dabei Kreativität und Lernbereitschaft:

- *Kreativität statt Routine:*
  Keine Problemsituation gleicht der anderen. Wer allen seinen Kunden die gleiche Routinelösung anbietet, wird somit keinen wirklich zufrieden stellen. Kreativität ist die Fähigkeit, aus Vorhandenem etwas Neues zu schaffen. Versuchen Sie also immer, eingefahrene Denkgewohnheiten zu verlassen. Stellen Sie sich und Ihren Kunden immer die Frage: „Was wäre, wenn wir alles ganz anders machen würden?"

- *Lernbereitschaft:*
  Immer schnellere Produktlebenszyklen, ein enormes Innovationstempo und die Veränderungsdynamik auf Kundenseite zwingen jeden Verkäufer dazu, permanent zu lernen, also Informationen über sein Arbeitsgebiet aufzunehmen und zu verarbeiten. Das Ergebnis des Lernens ist zum einen, wie die Psychologen sagen, eine geänderte kognitive Struktur. Jeder Lernprozeß verändert und erweitert vor allem aber auch Ihr Handlungspotential. Ihre Flexibilität wird dadurch erhöht und somit auch Ihre Fähigkeit, sich immer perfekter Ihren Kunden anzupassen und kundenindividuelle Dienstleistungen bieten zu können.

Wie sieht Ihr Leistungsprofil aus?

Zugegeben: Die einzelnen aufgeführten persönlichen Leistungsfaktoren ergeben ein Persönlichkeitsprofil des neuen Verkäufers, das hohe Ansprüche stellt. Doch die zukünftigen Herausforderungen lassen keine andere Wahl.

Neben diesen persönlichen Erfolgsfaktoren müssen Verkäufer außerdem über bestimmte Schlüsseltechniken verfügen, um ihr persönliches Potential auch 100prozentig entfalten zu können. Hierzu gehört zum Beispiel, daß Sie die Ziele, die Sie erreichen wollen, präzise formulieren können, und hierzu gehört beispielsweise auch, daß Sie sich in Ihrer Überfülle an Aufgaben durch cleveres Zeit- und Selbstmanagement die Tageskapazitäten freischaufeln, die Sie benötigen, um diese Ziele auch erreichen zu können. Die beste Zielformulierung nützt nichts, wenn es an der nötigen Zeit fehlt, die Ziele auch umzusetzen. Doch hierzu im nächsten Kapitel mehr.

Jetzt möchte ich Sie noch kurz dazu einladen, die folgende Checkliste auszufüllen, um festzustellen, inwieweit Sie bereits dem Persönlichkeitsprofil des neuen Verkäufers entsprechen und in welchen Bereichen eventuell noch Nachholbedarf besteht. Kreuzen Sie hierzu hinter den jeweiligen Fähigkeiten an, ob Sie diese gar nicht (1) oder zu 100 Prozent (5) beziehungsweise zu einem gewissen Grad (von 2 bis 4) erfüllen.

Das persönliche Leistungsprofil des neuen Verkäufers	1	2	3	4	5
Selbstbewußtsein					
Unternehmenskonformes Erscheinungsbild					
Höfliches Verhalten					
Kundenorientierte Sprache					
Einfühlungsvermögen und Überzeugungskraft					
Positive Ausstrahlung					
Durchsetzungsvermögen und Biß					
Partnerschaftlichkeit					
Teamgeist und Toleranz					
Durchhaltevermögen					
Engagement					
Belastbarkeit					
Mißerfolgstoleranz					
Einzelkämpferfähigkeiten					
Entscheidungsfreude					
Dienstleistungsorientierung					

Kapitel III

Neue Verkäufer haben System – Visionen, Zeit und der Kunde

Ein verkaufsorientiertes Persönlichkeitsprofil allein genügt nicht, um Verkaufserfolge auf Dauer zu sichern. Die Kompetenzen des neuen Verkäufers müssen durch systematisches Arbeiten unterstützt werden. Um möglichst viel verkaufsaktive Zeit kundenorientiert zu nutzen, werden zum Beispiel eine präzise Zielformulierung mit einer Vision, ein aktives Zeit- und Selbstmanagement und eine kundenindividuelle Gesprächsvorbereitung zunehmend wichtiger werden.

Gezielt zum Kunden und zum Erfolg

Den Erfolg im Visier

Erfolgreich kann nur der sein, der erfolgsorientiert denkt und handelt. Erfolg ist schließlich keine Glückssache, sondern immer nur das, was erfolgt, wenn bestimmte Vorleistungen erbracht werden. Wer nach Erfolg strebt, der wird auch die entsprechenden Rahmenbedingungen schaffen. Er wird ein Selbstbild, eine Art persönliche Vision entwickeln, in der er sich selbst als erfolgreichen Menschen wahrnimmt. Aus dieser Vision, aus diesem umfassenden Ziel leitet sich alles ab, was er tut. Eine solche Vision wirkt wie ein Wegweiser, der an der Gabelung verschiedener Handlungsalternativen immer in die „richtige" Richtung weist.

Für jeden von uns bedeutet Erfolg etwas anderes.

Erfolg kann dabei natürlich für jeden Verkäufer anders aussehen. Der eine träumt davon, möglichst interessante Unternehmen als Kunden zu gewinnen, die innovativ und kreativ zur unternehmerischen Avantgarde gehören und durch ihren Pioniergeist eine (für ihn) hochmotivierende Aufbruchstimmung verbreiten. Er empfindet sich als erfolgreich, wenn er ausschließlich mit solchen Unternehmen zusammenarbeitet. Für seinen Kollegen sieht Erfolg jedoch ganz anders aus: Erfolg bedeutet für ihn immer nur materiellen Erfolg. Mit welchen Unternehmen er zusammenarbeitet, ist ihm weitestgehend gleichgültig, Hauptsache, die Kasse stimmt. Er liest seinen Erfolg an seinem Bankkonto ab. Für den Dritten bedeutet ein erfolgreiches Leben ein Leben mit Menschen, die zu ihm passen. Entsprechend sucht er sich seine Geschäftspartner aus. Bei ihm muß immer die „Chemie" stimmen. Er fühlt sich erfolgreich, wenn er auch beruflich in ein soziales Netz eingebunden ist, in dem er sich wohlfühlt. Die Liste dessen, was Erfolg für den einzelnen alles bedeuten kann, ließe sich mühelos weiter fortsetzen. Für Sie ist jedoch einzig und allein wichtig, was Erfolg für *Sie* bedeutet, welches Ihr persönlicher Leitstern durchs Geschäftsleben ist.

Visionen und Ziele formulieren

„Visionen sind doch nichts für mich, mit so Wischiwaschikonzepten kann ich nichts anfangen. Ich bin ein Macher, ein Praktiker, und genau so führe ich auch meine Geschäfte." So oder so ähnlich wehren sich viele dagegen, positive Zukunftsentwürfe – und nichts anderes sind Visionen – zu entwickeln. Doch gerade Verkäufer oder Manager, die sich als Macher verstehen, sollten einsehen, daß eine Vision die allerbeste Voraussetzung für erfolgreiches Handeln ist, denn, wie wir bereits gesehen haben, setzen Visionen in unserem Leben gewisse Handlungsrahmen. Der Zusammenhang von Träumen und Taten, von Wunsch und Wirklichkeit, von Vision und Handeln ist sehr einfach: Jede Vision beinhaltet ein langfristiges, umfassendes Ziel. Aus diesem Ziel lassen sich verschiedene Strategien zur Zielerreichung ableiten. Die Strategien bestimmten, was kurzfristig und konkret getan werden muß. Diese aktuellen Schritte werden schließlich durch bestimmte Techniken und Verhaltensweisen umgesetzt.

Eine Vision ist der direkte Weg zum Tun.

Damit Ihre Vision, Ihr „Zielsystem", eine umsetzbare Gestalt annimmt, sollten Sie diese am besten schriftlich festhalten. Dieses persönliche Erfolgsprogramm sollten Sie sich in regelmäßigen Abständen durchlesen, denn das bringt echte Motivation und Power auch für den „dicksten" Verkaufssalltag. Wenn Sie eher ein auditiver Mensch sind, also stärker für gesprochene Sprache empfänglich sind, sollten Sie Ihre Vision, Ihre wichtigsten Ziele auf Band sprechen. Diese Kassette können Sie sich dann regelmäßig anhören, vor allem aber nach Tagen, die Sie am liebsten vergessen möchten. Sie werden sehen, wie Ihre Visionen und Ziele Sie wieder auf die Beine bringen.

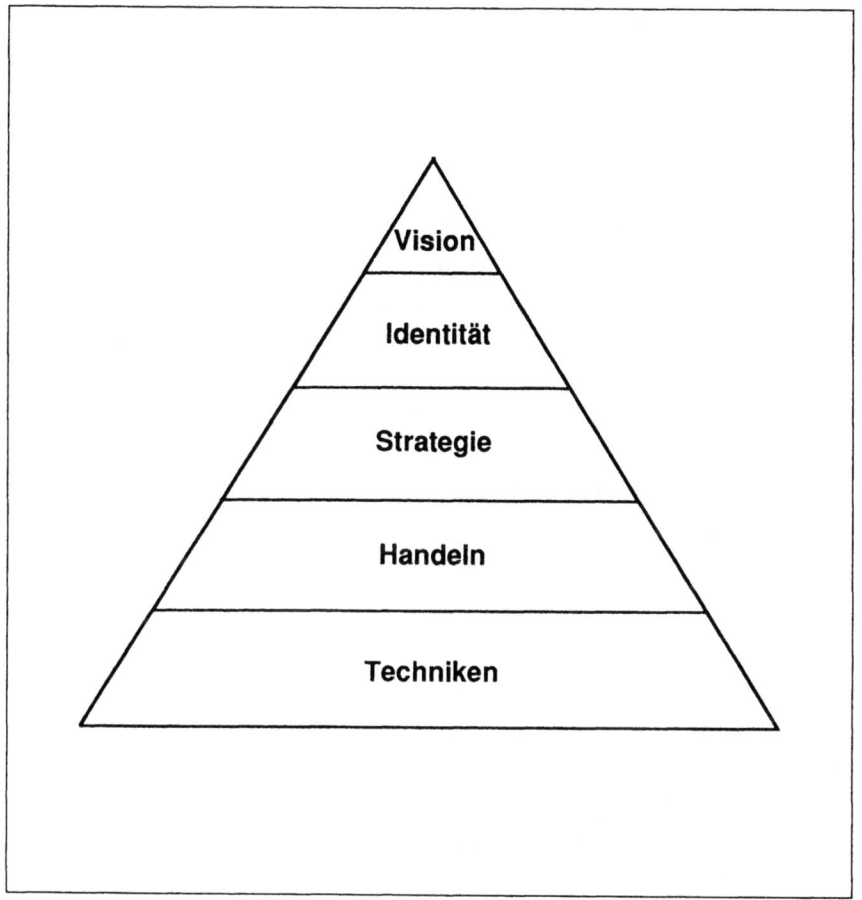

Pyramide: Vision, Identität, Strategie, Handeln, Techniken

Damit sich Ihre Visionen auch wirklich tief in Ihrem Unterbewußtsein einprägen, sollten Sie die folgenden Regeln bei der entsprechenden Zielformulierung beachten:

Klar und konkret

Visionen müssen immer so klar und konkret wie möglich definiert werden. Nehmen Sie sich also nicht vor, „der beste Verkäufer von allen" zu sein, sondern setzen Sie sich das Ziel, die zwei größten Unternehmen in Ihrem Marktsegment in zwei Jahren als zufriedene Kunden zu haben. Konkretisieren Sie auch, was „zufrieden" in diesem Zusammenhang bedeutet.

Positiv

Formulieren Sie Ihre Vision positiv. Sagen Sie sich nicht: „Ich will in 20 Jahren nicht mehr in diesem stickigen Kellerloch sitzen und Kundenkarteien verwalten!" Formulieren Sie, was Sie erreichen möchten: „In 20 Jahren sitze ich als selbständiger Unternehmer in einem stilecht renovierten Bauernhaus, das ich zu meiner Unternehmenszentrale ausgebaut habe. Ich kümmere mich dann hauptsächlich um die Unternehmensstrategie und um die fünf wichtigsten Kunden." Wenn Sie nur wissen, wovon Sie weg wollen, wissen Sie noch lange nicht, wo Sie hin wollen, und genau das soll Ihnen Ihre Vision sagen. Also immer das „weg von" durch ein „hin zu" konkretisieren.

Ganzheitlich

Entwerfen Sie eine ganzheitliche Vision. Ihr Leben besteht nicht allein aus Ihrem Job. Die besten beruflichen Erfolge nützen Ihnen nichts, wenn Sie wegen Ihres Arbeitseinsatzes Ihren Lebenspartner verlieren, wenn Sie kaum noch Freunde und Bekannte haben und Ihr Körper für jeden Arzt eine wahre Goldgrube ist. Integrieren Sie in Ihre Vision deshalb die folgenden Bereiche:

- *Arbeit und Beruf:* Hier berücksichtigen Sie alles, was mit Ihrem Job zu tun hat. Ihren Traumarbeitgeber oder die Selbständigkeit, die von Ihnen angestrebte Position, die Arbeitsbereiche, die Sie betreuen möchten, und Ihr angepeiltes Jahreseinkommen.

- *Familie:* Dieser Bereich wird leider zugunsten des ersten von den meisten Verkäufern viel zu sehr vernachlässigt. Berücksichtigen Sie bei diesem Punkt jedes einzelne Familienmitglied, das Ihnen am Herzen liegt – Ihre Lebenspartnerin oder Ihren Partner, Ihre Kinder oder auch Ihre Eltern. Was Sie in diesem Bereich heute versäumen, läßt sich morgen nicht mehr nachholen.

- *Freunde und Bekannte:* Freunde und Bekannte bereichern das Leben ungemein. Jemand, der nur allein vor sich hinwurstelt und lediglich seinen Job kennt, muß sich wirklich fragen, wofür er dies alles macht.

- *Freizeit und Hobbys:* Jeder von uns verfügt über zahlreiche Talente und Neigungen. Unser Berufsleben deckt davon oft nur einen Bruchteil ab. Damit Sie ein ausgeglichener und zufriedener Mensch sein können, müssen Sie möglichst viele Ihrer Anlagen und Fähigkeiten „bedienen". Die Lebenslust, die Sie dadurch gewinnen, kommt Ihnen außerdem auch wieder im Beruf zugute.

- *Körper und Gesundheit:* Was nützt Ihnen ein weiter Sprung auf der Karriereleiter, wenn der Körper streikt und Sie zwischen den Sprossen auf der Strecke bleiben? Richtig, nichts! Deshalb: Immer auf eine gesunde Lebensführung achten und ein entsprechendes Fitneßprogramm in der Zielplanung berücksichtigen.

- *Heim und Umgebung/Soziales:* Zu diesem Bereich gehört Ihr gesamtes sogenanntes soziales Umfeld. Ob Sie einkaufen gehen, Ihr Auto volltanken, Nachbarn bei einem Spaziergang treffen: Nehmen Sie sich vor, offen gegenüber diesen Menschen zu sein, sie „aktiv" wahrzunehmen und ihnen freundlich zu begenen.

- *Geld und Wohlstand:* Ohne Moos nichts los. In Ihrer Zielplanung sollten Sie deshalb auch ein aktives Finanzmanagement berücksichtigen. Achten Sie dabei jedoch immer darauf, daß Sie Wohlstand nicht um seiner selbst willen anstreben, sondern immer zweckorientiert. „Ich möchte mein Geld mit einer hohen

Rendite anlegen, *damit* ich einen Baustein für einen sorgenfreien dritten Lebensabschnitt habe." Oder: „Ich muß meine Gehaltsverhandlung geschickt führen, *damit* ich mir meinen Lebensstandard leisten kann."

■ *Psyche und Spiritualität:* In Ihrer Zielplanung sollten Sie immer auch diesen sehr persönlichen Bereich berücksichtigen, gerade weil er den Kern Ihrer Persönlichkeit betrifft. Ob Sie religiös sind oder nicht, spielt dabei nur eine sekundäre Rolle. Es geht hierbei in erster Linie darum, zu seiner eigenen Mitte zu finden.

Visionen als Kompaß

Wenn Ihre Vision und Ihre Zielplanung auch *alle* Lebensbereiche umfassen soll, möchte ich hier noch einmal ihre Bedeutung für die beruflichen Herausforderungen unterstreichen, denn Visionen werden zu Orientierungspunkten im unternehmerischen Handeln, die gerade in unserer Zeit an Bedeutung gewinnen. Ein wichtiger Grund hierfür ist die enorme Dynamik, der viele Märkte unterworfen sind. Die Märkte gleichen ein wenig einem wild bewegten Meer. Kurzfristig türmen sich Wellenberge auf, gleichzeitig entstehen tiefe Wasserschluchten, die sich von einem Moment zum anderen wieder zu Wellenbergen wandeln. Alles ist in Bewegung, jetzt ist nichts mehr so, wie es noch vor kurzem war, und bald wird es nicht mehr so sein, wie es jetzt noch ist.

Visionen und eine umfassende Zielplanung helfen Verkäufern in dynamischen Märkten dabei, ihren Weg zu gehen.

Eine Vision ist dann wie ein Kompaß, der trotz der Turbulenzen unerschütterlich in eine bestimmte Richtung weist. Wie ein Kompaß hilft die Vision auch dabei, ein Ziel auf verschiedenen Wegen zu erreichen. Man kann Hindernissen ausweichen, ohne das „große Ziel" aus den Augen zu verlieren. Wir haben oben gesehen, daß die Vision einen Handlungsrahmen setzt und bestimmte Strategien zur Verfügung stellt. Aus der Menge dieser Strategien können Sie flexibel diejenigen auswählen, die Ihrer aktuellen Situation entsprechen. Chaotischen Unternehmensumfeldern kann nur durch ein gewisses Maß an Flexibilität begegnet werden, die jedoch durch die Verbindlichkeit der Vision fern jeglicher Willkür ist.

Eine Vision führt sicher durch chaotische Unternehmensumfelder.

Eine Vision hilft Ihnen auch, selbständig und eigenverantwortlich zu handeln. Verkäufer, die sich als selbständige Unternehmer im Unternehmen begreifen, die über weitgehende Handlungsvollmachten verfügen, können nicht wegen jeder Kleinigkeit, oft aber nicht einmal wegen strategisch wichtiger Entscheidungen einen Vorgesetzten um Hilfe bitten, oftmals schon deshalb nicht, weil in innovativen, dezentralen Unternehmen ganze Managementschichten eliminiert wurden. Die Rolle des Vorgesetzten erfüllt gewissermaßen die Vision, denn die sagt, wo's langgeht. Ihre berufliche Vision muß natürlich mit der Unternehmensvision und den entsprechenden Zielvorgaben harmonieren. Gelingt dies, kann wirkliches unternehmerisches Denken auf Verkäuferseite durch ein „Management by Visions" realisiert werden.

Visionen motivieren

Eine der wichtigsten Aufgaben einer Vision besteht aber auch darin, daß sie für bestimmte Ziele begeistert und motiviert. Vision kommt vom lateinischen *videre*, was *sehen* bedeutet, und das Wesen einer Vision besteht ja tatsächlich darin, daß wir den entsprechenden Lebensentwurf plastisch vor uns sehen. Ein solches sinnliches Erlebnis motiviert natürlich weitaus mehr als trockene Zielvorgaben, die zwar unseren Verstand erreichen, aber niemals unsere Gefühle. Aber nur wenn wir mit unseren Gefühlen bei der Sache sind, ist es auch *unsere* Sache, nur dann können wir uns mit einer Aufgabe identifizieren.

Eine Vision führt zur Identifikation mit der entsprechenden Aufgabe.

Aus dieser Identifikation folgt unter anderem auch, daß Sie die Sache, also Ihren Job, um seiner selbst willen gerne ausüben. Sie stehen nicht jeden Tag um 6 Uhr auf, nur um Brötchen zu verdienen. Dies mag natürlich auch ein wichtiger Grund sein. Weitaus bedeutsamer ist jedoch, daß Sie sich allmorgendlich aus den Federn „quälen", weil Sie gerne verkaufen, weil Sie gerne Menschen beraten, weil der Beruf für Sie Berufung bedeutet. Jemand, der ausschließlich deshalb einer bestimmten Profession nachgeht, weil er damit jeden Monat sein Bankkonto auffüllen kann, verhält sich wie Kinder, die nur deshalb etwas tun, weil sie dafür belohnt werden. Und daß solche Belohnungen fatal für das Leistungsverhalten sein können, haben einschlägige psychologische Untersuchungen gezeigt. Bezeichnend hierfür sind zum Beispiel die Ergebnisse des folgenden Versuchs:

Eine Gruppe von kleinen Kindern wird in zwei Gruppen aufgeteilt. Beide Gruppen haben die Aufgabe zu malen. Während die Kinder in Gruppe A für jedes fertige Bild eine Belohnung erhalten, malen die kleinen „Picassos" der Gruppe B nur um des Malens willen, gewissermaßen l'art pour l'art. Sie werden nicht einmal für ihre Meisterwerke gelobt. Läßt man beide Gruppen zwei Wochen lang werkeln, sind zumindest die beiden folgenden Ergebnisse zu beobachten:

- Die Kinder aus Gruppe B, die nicht zusätzlich für die erreichten Ergebnisse belohnt werden, sind kreativer als die Kinder aus Gruppe A. Sie machen einen ausgiebigeren Gebrauch von den angebotenen Malutensilien.

- Werden die Kinder der Gruppe B nach den zwei Wochen nicht mehr belohnt, wenn Sie Ihre Werke vorlegen, sinkt deren Motivation, zu den Buntstiften zu greifen, merklich.

Also: Wichtig ist, daß eine Beschäftigung aus einem inneren Anreiz heraus ausgeübt wird. Machen Sie sich also immer wieder die Gründe bewußt, warum Sie ausgerechnet Verkäufer sind, warum Sie Verkäufer sein wollen und nichts anderes. Wenn Ihnen hierzu keine Gründe einfallen, sollten Sie schnellstens den Beruf wechseln.

Mehr Zeit für den Kunden:
Zeit- und Selbstmanagement

Ein optimales Persönlichkeitsprofil und hervorragend formulierte Ziele nützen Ihnen wenig, wenn Sie nicht genügend Zeit haben, um Ihre Ziele und Visionen mit Hilfe Ihrer Leistungskompetenz auch umzusetzen. Schnelle Märkte, die schnelles Reagieren verlangen, und Kunden, die intensiv betreut sein wollen, erfordern, daß Ihnen soviel aktive Verkaufszeit wie nur möglich zur Verfügung steht. Doch die Aufgabenfülle, die Sie künftig zu bewältigen haben, setzt dem Zeitbudget ordentlich zu. Ein aktives Zeit- und Selbstmanagement wird deshalb zu einer „Pflichtübung".

Zeit – eine wertvolle Ressource

Was Zeit eigentlich ist, wissen wir nicht, wir wissen nur, daß sie uns durch die Finger rinnt wie feiner Sand. Sie ist ein ungemein kostbares Gut, mit dem wir sorgfältig umgehen sollten. Sie ist eine nichtregenerierbare Ressource. Wenn sie vergangen ist, ist sie nicht zurückzugewinnen. Und gerade der Verkäufer der Zukunft, dessen Tätigkeit zunehmend an Komplexität gewinnt, bräuchte eigentlich einen 30-Stunden-Tag, um allen seinen Aufgaben nachgehen zu können. Um Sie für Ihr eigenes Zeit- und Selbstmanagement zu sensibilisieren, möchte ich Sie dazu einladen, die folgende Übung durchzuführen.

Tragen Sie hinter jede der folgenden Fragen bitte die entsprechende Punktzahl ein: 0 bedeutet „fast nie", 1 steht für „manchmal", 2 für „häufig" und 3 schließlich für „fast immer".

Wie gut gehen Sie mit Ihrer Zeit um?

1. Arbeiten, die ich einmal begonnen habe, ziehe ich konsequent und konzentriert durch. ❑

2. Bei der Organisation meiner Arbeiten richte ich mich soweit wie möglich nach meiner persönlichen Leistungskurve. ❑

3. Wenn andere meine Zeit beanspruchen wollen, prüfe ich genau, ob ich zusagen kann, ohne selbst in Zeitnot zu geraten. ❑

4. Unerwartete Aufgaben und Schwierigkeiten sind für mich kein Problem. Meine Zeitplanung enthält immer entsprechende Puffer. ❑

5. Korrespondenz erledige ich in einem Durchgang. ❑

6. Bei Telefonaten, Besuchen und Besprechungen beschränke ich mich auf das notwendige Mindestmaß. ❑

7. Alle Arbeiten, die ich nicht unbedingt selbst erledigen muß, delegiere ich. ❑

8. Für jede Aufgabe lege ich schriftlich einen Termin und das genaue Ziel fest. ❑

9. Jeden Arbeitstag plane und organisiere ich entweder am Vorabend oder morgens gleich als erstes. ❑

10. Für meine Tagesplanung erstelle ich eine Prioritätenliste. Zuerst werden von mir die dringlichsten Aufgaben erledigt. ❑

Zählen Sie jetzt bitte die Punkte zusammen. Als Ergebnis erhalten Sie ein erstes Feedback zu Ihrer Fähigkeit, möglichst sinnvoll mit Ihrer Zeit umzugehen:

- *0 bis 15 Punkte:* Mit einem aktiven Zeitmanagement scheinen Sie auf dem Kriegsfuß zu stehen. Ihr Tagesablauf wird mehr durch Zufälle bestimmt als durch Notwendigkeiten. Erstellen Sie sich deshalb detaillierte Tages-, Wochen- und Monatspläne, in die Sie alle Aufgaben nach Prioritäten geordnet eintragen.

- *16 bis 20 Punkte:* Sie beherrschen die eine oder andere Methode, wie Sie mit Ihrer Zeit am besten haushalten können. Leider lassen Sie sich noch durch zuviele Nebensächlichkeiten ablenken. Gehen Sie die Checkliste Punkt für Punkt durch und prüfen Sie kritisch, wo bei Ihnen noch der meiste Nachholbedarf besteht.

- *21 bis 25 Punkte:* Sie haben Ihre Zeit beziehungsweise sich selbst ganz gut im Griff. Lassen Sie sich von diesem Erfolg nicht dazu verleiten, hier und da doch etwas nachlässiger zu werden. Bleiben Sie konsequent bei Ihrem System.

- *26 bis 30 Punkte:* Sie beherrschen den Umgang mit der Zeit hervorragend. Sie sollten prüfen, ob Ihr gekonntes Zeitmanagement Ihnen nicht die Möglichkeit bietet, anspruchsvollere oder zusätzliche Arbeiten zu übernehmen.

Wo ist die Zeit geblieben?

Oft glauben wir, unsere Zeitplanung voll im Grif zu haben. Wir erarbeiten uns die ausgetüfteltsten Zeitpläne, und unser Kalender ist mit detaillierten Terminen übersät wie ein Fahrplan der Deutschen Bahn. Doch wie dieser, hält auch unser Zeitplan regelmäßig nicht, was er verspricht, nämlich daß die Termine auch eingehalten werden. Zu viele Zeitdiebe stehlen regelmäßig große Portionen unseres Zeitbudgets. Termine müssen dann geschoben werden, die Planung gerät durcheinander – wie dies eben regelmäßig auch bei der Deutschen Bahn der Fall ist.

Wenn Sie Ihr Zeit- und Selbstmanagement in den Griff bekommen wollen, sollten Sie deshalb vor allem auf die folgenden Zeitdiebe achten:

Zuviele Meetings

Wer kennt sie nicht, die „Meetingitis". Wegen allem und jedem setzt man sich zusammen: Das kostet Zeit! Und Zeit kostet dabei vor allem auch die Vorbereitung und die Nachbereitung. Bei der Nachbereitung stellt man dann oft fest, daß man sich das ganze Meeting mal wieder hätte sparen können. Was man aber nicht gespart hat, ist Zeit, kostbare Zeit, die dann wieder an anderer Stelle fehlt.

Also: Prüfen Sie bei jedem Meeting, ob es sich überhaupt lohnt. Wenn Sie sich dann dafür entschieden haben, eines abzuhalten, stellen Sie eine Agenda mit einem entsprechenden Timing auf. Ernennen Sie immer einen Moderator, der das Meeting leitet und darauf achtet, daß die vorgesehene Zeit eingehalten wird. Gerade der neue Verkäufer ist durch seine Einbindung in verschiedene Teams durch den Zeitdieb Meeting sehr gefährdet.

Mitteilsame Kollegen

Natürlich haben wir unsere Kollegen gern, und natürlich unterhalten wir uns auch gerne mit ihnen. Aber muß es denn wirklich sein, hier zehn Minuten über das letzte Wochenende zu quatschen und da zehn Minuten über die Bundesliga, dann nochmal zehn Minuten über den nächsten Urlaub und weitere zehn Minuten über den geplanten Neuwagenkauf und, und, und. Schnell verquasseln wir so mindestens eine Stunde am Tag. Das ergibt fünf Stunden in der Woche und 20 im Monat – eine kostbare Menge.

- Also: „Pausengespräche" auch in der Pause halten. Bremsen Sie Ihren eigenen Mitteilungsdrang Ihrem Zeitbudget zuliebe selbst so weit wie möglich. Signalisieren Sie auch Ihren Kollegen, daß Sie für allzuhäufigen Small talk während der Arbeitszeit nicht zu haben sind.

Alles auf den letzten Drücker

„Mist, ich habe den Mailing-Termin zu lange rausgeschoben, das Ding muß morgen unbedingt raus!" Sie haben zwar schon seit einiger Zeit gewußt, daß eine entsprechende Aktion ansteht, aber immer war etwas anderes wichtiger. Damit das „Ding" jetzt auch wirklich rausgehen kann, mit Anschreiben und aktuellen Produktdatenblättern, die auf den angepeilten Interessentenkreis zugeschrieben sind, müssen Sie alles selbst machen, so kurzfristig kann Ihnen niemand unter die Arme greifen, und das kostet einmal wieder Ihre Zeit.

- Also: Langfristig planen und die Planung auch umsetzen, damit keine Feuerwehraktionen nötig sind.

Unnötige Nebenjobs

Jeder von uns hat einen festen Kern, was seinen Aufgabenbereich angeht. Und dann gibt es da noch diverse zusätzliche Dinge, die wir so nebenbei machen. Wir schreiben ab und zu einen Artikel für eine Fachzeitschrift, wir versuchen, das Layout diverser Produktblätter zu überarbeiten, oder wir tun sonst etwas, das zwar unseren Aufgabenbereich berührt, aber eben nur berührt und nicht zu unseren eigentlich wichtigen Tätigkeiten gehört. Summieren sich solche Nebenjobs, ist die Zeit, die sie in Anspruch nehmen, mit Sicherheit keine Nebensächlichkeit mehr.

- Also: Zuerst die Kernaufgaben erledigen, dann die weniger wichtigen Dinge.

Fremde Aufgaben

„Können Sie mir hier mal bitte aushelfen?" Wer könnte schon die Bitte eines Kollegen abschlagen? Natürlich helfen wir gerne. Wenn Sie jedoch dafür bekannt sind, sehr hilfsbereit zu sein, werden Sie bald selbst Hilfe brauchen, denn Ihnen wird ganz einfach kaum mehr die Zeit für die Erledigung Ihrer eigenen Aufgaben bleiben.

- Also: Helfen, wo wirklich Not am Mann ist, aber deutlich machen, daß es sich um eine Ausnahme handelt. Wenn jemand Sie regelmäßig um Hilfe bittet, sollten Sie eine entsprechende Gegenleistung verlangen, nach dem Motto: „Eine Hand wäscht die andere".

Wo ist das Ziel?

„So habe ich das nicht gemeint, machen Sie das bitte noch einmal." Mancher Chef schickt seine Mitarbeiter mit diesen Worten wieder an den Schreibtisch, nachdem diese ihm zum Beispiel eine Akquisitionsstrategie präsentiert haben. Und doch sind die Chefs oft selbst schuld am getadelten Arbeitsergebnis. Unklare Zielvorgaben von ihrer Seite haben dafür gesorgt, daß die Aufgabe nicht in ihrem Sinne erledigt werden *konnte*. Eine „Teilschuld" tragen hierbei aber auch oft die Mitarbeiter, die im Gespräch mit ihrem Chef zu allem nicken, obwohl sie hin und wieder die Fage beschleicht: „Wie meint der das denn wieder?" Mit einem „Na ja, wird mir schon was einfallen", werden solche Bedenken zur Seite geschoben, was aber zu sehr zeitintensiven Nacharbeiten führen kann.

- Also: Wir können zwar niemals alles bis ins letzte Detail durchsprechen. Fragen Sie aber bei unklaren Zielvorgaben so lange nach, bis Sie das Gefühl haben zu wissen, wohin die Reise gehen soll.

Unnötiges Telefonieren

„Den könnte ich doch eigentlich auch mal wieder anrufen" – wie oft kommt uns dieser Satz in den Sinn, und wie oft setzen wir ihn – leider – in die Tat um. Telefonate, die ohne einen genau definierten Zweck geführt werden, verlieren sich auch wirklich oft im allgemeinen. Auch Gespräche, die primär der Kundenbindung dienen, also dem simplen „sozialen Kontakt", sollten einen konkreten Aufhänger haben. Auch Ihr Ansprechpartner will nicht das Gefühl haben, daß Sie ihm seine Zeit stehlen.

- Also: Vor jedem Telefonat eine kurze Liste machen, in der die wichtigsten Gesprächspunkte festgehalten werden. Wichtig: Nicht auf Small talk einlassen, wenn dem Gesprächspartner gerade danach zumute ist. Seien Sie hier hart, denn es kostet sonst Ihre Zeit.

Zuviele Zettel und Notizen

In vielen Unternehmen ist es üblich, über das Medium der „Hausmitteilung" oder des Notizzettels miteinander zu kommunizieren, und sicherlich notieren sich die meisten von uns gerne auch hier mal eine Idee, da mal einen Nachtrag zu einem Gespräch und dort einen groben Plan für die nächste Akquisitionsrunde. Das Ergebnis ist ein Zettelberg, der sich unübersichtlich auf dem Schreibtisch türmt. Um diesem Zettelkram Herr zu werden, werden die einzelnen Notizen auf ihre Wichtigkeit geprüft, mehrere Notizen, die irgendwie zusammengehören, werden auf ein einziges Blatt übertragen, die übrigen Zettel werden inhaltlich geordnet. Ein Erfolgserlebnis stellt sich dann schon ein, wenn der eine oder andere Zettel energisch im Papierkorb landet. Doch erledigt wurde eigentlich nichts, es wurde nur einmal wieder Zeit vergeudet.

- Also: Wann immer es geht, nicht via Zettel oder Notiz, sondern mündlich miteinander kommunizieren. Alles, was sofort erledigt werden kann, nicht notieren, sondern auch wirklich sofort erledigen. Unterlagen einmal richtig anlegen und nicht ein schriftliches Brainstorming auf diversen Zetteln verteilen.

Ungeklärte Grundsatzfragen

Es gibt Fragen, die immer wieder diskutiert werden, obwohl jeder weiß, daß diese Diskussionen nichts bringen. Meist sind es grundsätzliche Themen, die die Gemüter erhitzen und die enorm viel Zeit kosten. „Wir müssen uns mehr auf unsere Stammkunden konzentrieren." – „Woher denn, ich kann nur immer wieder sagen, daß wir unsere Akquisitionsbemühungen verstärken müssen." Die Fronten sind klar, keiner wird nachgeben.

- Also: Meiden Sie derart fruchtlose Diskussionen, oder bringen Sie sie auf eine sachliche Basis, auf der nicht die Emotionen, sondern die Zahlen sprechen. Oder lassen Sie einen Entscheider ein Machtwort sprechen.

Permanente Kontrollfragen

Viele Vorgesetzte scheinen leider noch nichts vom selbständigen Mitarbeiter gehört zu haben. Die Folge: regelmäßig unbegründete

Rückfragen, die lediglich eine gewisse Kontrollfunktion haben. Eine Folge hiervon: Ihr Zeitbudget wird belastet – und das nicht zu knapp. Auch wenn eine Anfrage vom Chef eigentlich unbegründet ist, will sie doch genau beantwortet sein (sonst droht auch schon die nächste Rückfrage).

- Also: Wenn sich Rückfragen mehren, fragen Sie direkt, was der Grund hierfür ist. „Waren meine Ausführungen nicht detailliert genug?", „Liegt die Verantwortung für dieses Projekt nicht vollständig in meiner Hand?" – Ihr Chef wird antworten müssen. Natürlich gehört schon etwas Courage dazu, sich gegen permanente Rückfragerei zu wehren, doch sie wird sich lohnen.

Vergeßliche Vorgesetzte und Kollegen

Nicht genug damit, daß uns unser Gedächtnis ab und zu mal im Stich läßt, was unsere eigenen Aufgaben angeht. Oft muß es auch noch für das „Erinnerungsmanagement" unserer Vorgesetzten, Kollegen oder Mitarbeiter herhalten. Deren Aufgaben haben wir jedoch nicht immer präsent. Das Resultat: Wir müssen uns den jeweiligen Zusammenhang erläutern lassen und dann unser Gedächtnis nach der gesuchten Information durchforsten, wieder zuungunsten unserer eigenen Arbeitszeit.

- Also: Niemanden daran gewöhnen, daß er unter Einsatz Ihrer Zeit ein „Gedächtnis-Outsourcing" betreiben kann. Sie sind nicht der Informationsspeicher für die Sorgen und Probleme anderer. Permanente Anfragen daher höflich, aber bestimmt zurückweisen.

Willkommene Ablenkungen

Ob die Kaffeemaschine mal wieder verstopft ist, ob sich eine Amsel auf dem Baum vor einem Bürofenster niederläßt oder ob gerade einer unserer Lieblingssongs im Radio läuft: Es gibt immer irgendetwas Interessantes zu hören, zu sehen und zu machen. Es gibt immer irgendetwas, wodurch wir uns bereitwillig von unserer Arbeit ablenken lassen. Natürlich sind Ablenkungen in gewissem Maße auch positiv, denn sie können für Entspannung sorgen. Diese Entspannung wird aber dann durch Streß zunichte gemacht, wenn die Ablenkungen überhand nehmen.

- Also: So konzentriert wie möglich die Arbeiten durchziehen und ab und zu eine kurze Ablenkung bewußt genießen.

Mangelhafte Organisation und Planung

Hier lauert einer der größten Zeitdiebe überhaupt. Und allein zu diesem Thema könnte ein ganzes Buch geschrieben werden. Ein riesiges Zeitsparpotential liegt zum Beispiel in einer geschickten Tourenplanung, auf die ich deshalb gleich näher eingehen werde. Verkäufer vergeuden in kaum einem anderen Bereich soviel Zeit wie durch eine ungeschickte Streckenplanung. Weil aber gerade der Verkäufer der Zukunft seine Kundenkontaktrate erhöhen sollte, ist dieses Thema von besonderem Interesse. Doch dazu, wie gesagt, später mehr. Grundsätzlich sollte jeder einmal den Zustand seiner Arbeitsorganisation durchleuchten. Jeder hat hier seine individuellen Zeitdiebe.

- Also: Arbeitsabläufe analysieren und optimieren, und zwar mit aller Konsequenz.

Unnötiger Perfektionismus

„Ich mache keine halben Sachen", denkt so mancher, der an einem eigentlich schon erledigten Job noch weiter herumbastelt. Manchmal sind ja wirklich 100 Prozent Leistung gefragt, aber eben nur manchmal, und 105 Prozent sind mit Sicherheit nie gefragt. Aber gerade diese paar Prozent mehr, die die gute Leistung von der angeblich perfekten unterscheiden, kosten relativ viel Zeit. Dabei ist die 100-Prozent-Lösung immer weniger gefragt. Sogar in bezug auf die Produktentwicklung werden immer mehr Stimmen laut, die verlangen, von der 100prozentigen Qualität zugunsten einer schnelleren Markteintrittszeit abzurücken. Ein perfektes Produkt, das leider, leider zu spät auf den Markt kommt und dann in den Regalen vergammelt, ist eben alles andere als perfekt. Dasselbe gilt auch für die meisten anderen Arbeitsbereiche. Auch ein perfektes Mailing, das die Dialoggruppe erst erreicht, nachdem diese schon von zwei Mitbewerbern mit Infos eingedeckt worden ist, kann gleich in den Papierkorb geworfen werden. Perfekte Maßnahmen zur Kundenbindung kommen zu spät, wenn sich die Kunden schon mit der Konkurrenz angefreundet haben.

- Also: Lieber auch mal fünf gerade sein lassen und handeln.

Mit dem Kopf nicht bei der Sache

Kennen Sie das? Sie sitzen über Ihren Unterlagen, lesen jetzt schon zum fünften Mal denselben Satz und haben immer wieder das Gefühl, ihn immer noch nicht erfaßt zu haben? Oft drängen sich viele Dinge gleichzeitig ins Bewußtsein. Wenn wir zum Beispiel unsere Unterlagen durcharbeiten wollen, denken wir bereits an das wichtige Meeting am nächsten Tag oder an das letzte unerfreuliche Gespräch mit einem Mitarbeiter. Wir unterbrechen dann unsere aktuelle Arbeit, hängen den spontanen Gedanken nach oder machen uns Notizen (siehe oben). Das Ergebnis: viel Zeit vergeudet und nichts anständig erledigt.

- Also: Konzentrieren Sie sich nur auf das, was Sie aktuell bearbeiten. Achten Sie darauf, daß auch nur dieser eine Vorgang auf Ihrem Schreibtisch ist. Planen Sie sich für die anderen Fragen, die Sie beschäftigen, einen bestimmten Termin ein. Sie wissen dann, Sie werden auch die anderen Punkte erledigen können und haben den Kopf frei für den aktuellen Job.

Das hat ja noch bis morgen Zeit

Sie kennen ja bestimmt den Spruch, daß das liebste Möbelstück des Teufels die lange Bank ist. Und es stimmt, wenn wir alles, was wir nicht zu unseren Lieblingstätigkeiten zählen, aufschieben, geraten wir in die Hölle der Zeitnot. Denn irgendwann *müssen* wir die vielen unerledigten Dinge aufarbeiten. Unsere Zeitplanung sieht aber eigentlich wieder ganz andere Dinge vor, und so gerät das ganze Zeitmanagement aus den Fugen:

- Also: Alles – auch und gerade das Unangenehme – so schnell wie möglich erledigen.

Unterschätzter Zeitbedarf

Manchmal sind wir so gut in Form, daß wir meinen, alles mit links erledigen zu können. Wir nehmen dieses Projekt noch unter unsere Fittiche, und wir akquirieren noch jenen Job. Doch plötzlich fehlt uns eins: die nötige Zeit, um auch alles schaffen zu können. Dann ist wieder mal „Management by Chaos" angesagt. Und wie wir alle aus schmerzhafter Erfahrung wissen: Das kostet Zeit.

- Also: Immer zuerst die wichtigsten Jobs im Terminkalender positionieren und ein großzügiges Zeitbudget dafür einplanen. Dann – geordnet nach Prioritäten – die übrigen Aufgaben verteilen, wiederum mit dem jeweils nötigen Zeitbudget versehen. Und: Wenn der „Laden" voll ist, keine neuen Aufgaben mehr annehmen.

Vor diesen Zeitdieben sollten Sie sich unbedingt hüten
- Zuviele Meetings
- Mitteilsame Kollegen
- Alles auf den letzten Drücker
- Unnötige Nebenjobs
- Fremde Aufgaben
- Wo ist das Ziel?
- Unnötiges Telefonieren
- Zuviele Zettel und Notizen
- Ungeklärte Grundsatzfragen
- Permanente Kontrollfragen
- Vergeßliche Vorgesetzte und Kollegen
- Willkommene Ablenkungen
- Mangelhafte Organisation und Planung
- Unnötiger Perfektionismus
- Mit dem Kopf nicht bei der Sache
- Das hat ja noch bis morgen Zeit
- Unterschätzter Zeitbedarf

Mehr aktive Verkaufszeit durch Tourenplanung

Der Verkäufer der Zukunft muß sich so lange und so oft es geht bei seinen Kunden oder potentiellen Kunden aufhalten – nicht jedoch in einem Verkehrsstau, im Berufsverkehr oder auf langen Strecken zwischen den Terminen. Auch wenn Sie es geschafft haben, sämtliche Zeitdiebe in den Griff zu bekommen, können Sie die mühsam gewonnene Zeit durch eine einzige ungeschickte Tourenplanung wieder vergeuden. Eine rationelle Tourenplanung ist deshalb ein wichtiger Schritt auf dem Weg zu einem aktiven Zeit- und Selbstmanagement.

Natürlich war das Thema Tourenplanung für Außendienstverkäufer schon immer wichtig. Doch gerade der Verkäufer der Zukunft, der sogar von seinem Innendienst von vielen Aufgaben entlastet werden wird, um vor Ort bei seinen Kunden sein zu können, ist auf eine professionelle Tourenplanung angewiesen.

Wie Sie Ihre Touren so organisieren können, daß Sie mehr Zeit für Ihre Kunden haben, verraten Ihnen die folgenden zehn Tips zur Tourenplanung. Vor jeder Tour sollten Sie jedoch grundsätzlich folgende Frage eindeutig mit „ja" beantworten können: Ist die Tour beziehungsweise die Fahrt zum Kunden überhaupt nötig? Vielleicht kann ja auch das Telefon die Tour ersetzen.

- *Tip 1:* Es gibt Verkäufer, die früh am Morgen erst einmal 160 Kilometer fahren, bevor sie ihren ersten Besuch antreten. Sie kommen beim Kunden schon ermüdet an, worunter dann natürlich auch das Verkaufsgespräch leidet. Planen Sie Ihre Tour deshalb immer so, daß Sie spätestens 60 Minuten nach dem Start das erste Gespräch beginnen.

- *Tip 2:* Versuchen Sie vor allen Dingen, Stadtfahrten während der Hauptverkehrszeit zu vermeiden, also am frühen Morgen und am späten Nachmittag. Vielleicht können Sie es einrichten, daß Sie zu diesen Stoßzeiten Kunden am Stadtrand besuchen.

- *Tip 3:* Weil ihm der Magen knurrt, beendet mancher Reisende schon um 11 Uhr 30 seinen Vormittag und sucht ein Restaurant auf. Manchmal fürchten Verkäufer auch, daß ein Besuch kurz vor der Mittagspause keinen Erfolg mehr bringt. Sie sollten Ihre Mittagspause jedoch immer an den Ladenöffnungszeiten orientieren. Schließen die Geschäfte zum Beispiel erst um 12 Uhr 30, so ist es empfehlenswert, noch für 11 Uhr 45 oder 12 Uhr ein Kundengespräch zu vereinbaren, um die Zeit vor der Mittagspause voll zu nutzen.

- *Tip 4:* Wählen Sie sich für die Mittagspause ein Restaurant oder einen Schnellimbiß in der Nähe des ersten Nachmittagskunden. Es ist vernünftiger, sich nach dem Essen eine Viertelstunde die Füße zu vertreten, als 30 Kilometer mit dem Auto zu fahren.

- *Tip 5:* Am Nachmittag werden in der Regel mehr Kilometer pro Kundenbesuch gefahren als am Vormittag. Planen Sie, um dem vorzubeugen, Ihre Nachmittagstouren immer genauso sorgfältig wie Ihre Tour am Vormittag. Vereinbaren Sie immer feste Besprechungstermine.

- *Tip 6:* Der letzte Besuch am Nachmittag ist oft kürzer als alle anderen Besuche während des Tages. Warum? Die letzten Kunden besucht man häufig nur, um sich selbst zu beweisen, daß man den Arbeitstag nicht zu früh beendet. Verzichten Sie deshalb auf solche „Kurz-mal-vorbeischauen-Besuche" zwischen 16 Uhr 30 und 18 Uhr. Sie können Ihre Arbeitszeit bestimmt besser nutzen.

- *Tip 7:* Eine lange Heimfahrt wird oft schon am frühen Nachmittag angetreten. Das bedeutet Zeitverlust. Vielleicht läßt sich die Tour so verändern, daß Sie vom letzten Kunden aus nur noch maximal eine Stunde bis zu Ihnen nach Hause brauchen. Wenn Sie zwischen 16 Uhr und 18 Uhr noch zwei wichtige Verhandlungen führen können, ist es vielleicht angebracht, auch einmal auswärts zu übernachten und einen Kunden eventuell zum Abendessen einzuladen.

- *Tip 8:* Kombinieren Sie Fahrten zu weit entfernten Kunden immer mit Neukunden- oder C-Kunden-Besuchen. Einen entlegenen, weniger wichtigen Kunden würden Sie vielleicht sonst nie zu Gesicht bekommen. Doch Sie sollten immer daran denken, daß auch viele C-Kunden über Entwicklungspotentiale verfügen, von denen Sie vielleicht in Zukunft profitieren könnten.

- *Tip 9:* Wenn Sie „auf Tour" sind, kann es sehr oft passieren, daß ein Gesprächstermin kurzfristig verschoben wird. Nutzen Sie dann die entstehende Wartezeit sinnvoll. Nehmen Sie sich deshalb immer auch ein wenig Arbeit für unterwegs mit, wie zum Beispiel Briefe, Seminarunterlagen oder Kundenprospekte.

- *Tip 10:* Hüten Sie sich vor „Sternfahrten". Ein entsprechendes Aha-Erlebnis verschaffen Sie sich ganz einfach, indem Sie von Ihrem „Stützpunkt" aus zum einen eine fiktive Sternfahrt in Ihre Landkarte einzeichnen und zum anderen die zu erreichenden Ziele durch eine überlegte Streckenplanung „in einem Zug" verbinden. Zählen Sie die Kilometer zusammen, die Sie jeweils zurücklegen müssen, und vergleichen Sie die beiden Werte. Das Ergebnis wird Sie spätestens jetzt zum Freund einer wohldurchdachten Tourenplanung machen.

Kundenorientierte Besuchsvorbereitung

Ziele sind gesetzt, Zeit für Kundenbesuche wurde gewonnen, und eine professionelle Tourenplanung sorgt dafür, daß in möglichst kurzer Zeit möglichst viele Kunden besucht werden können. Doch bevor Sie sich auf den Weg machen, müssen die einzelnen Kundenbesuche auch gut vorbereitet werden. Wir haben bereits festgestellt, daß Kundenbesuche zunehmend komplexer und aufwendiger werden. Ein Verkäufer muß jedem Kunden mit einer individuellen Strategie begegnen, die exakt auf ihn zugeschnitten ist. Den standardisierten Besuch aus der Schublade sollten Sie besser dort ruhen lassen. Um möglichst optimale kundenindividuelle Besuche durchzuführen, sollten Sie sich zu deren Vorbereitung einer Systematik bedienen, die die Faktoren *Analyse, Zielsetzung, Strategie* und *Kontrolle* berücksichtigt. Der Verkäufer ist hier Marktforscher, Kundenmanager und Unternehmensberater sowie Kommunikator und Controller in einer Person.

> **Individuelle Kundengespräche bedürfen einer systematischen Vorbereitung.**

Der Job des Verkäufers besteht dabei natürlich nicht nur darin, Informationen über den Kunden zu gewinnen, sondern in erster Linie geht es darum, dem Kunden relevante Informationen zu vermitteln. Die Gründe für einen wachsenden Informationsbedarf auf der Kundenseite wurden bereits eingangs erwähnt: Produkte werden zum Beispiel immer komplexer und somit erklärungsbedürftiger, Produktlebenszyklen hingegen werden immer kürzer. Auch hierdurch entsteht auf seiten des Kunden ein enormer Informationsbedarf. Immer mehr Kunden verhalten sich wie der Einkäufer eines Maschinenbauers: „Wenn ein neues Produkt auf dem Markt ist, das wir in unseren Produktionsablauf integrieren könnten, warte ich lieber noch ein wenig, ob nicht ein paar Wochen später ein noch besseres Nachfolgeprodukt zu einem günstigeren Preis auf den Markt geworfen wird." Das Wort „geworfen" trifft die Sache hier ziemlich genau. Viele Kunden fühlen sich nahezu bombardiert von immer neuen Produkten, die so schnell wieder vom Markt verschwinden, wie sie dort aufgetaucht sind. Als dritter Grund für den wachsenden Informationsbedarf auf der Kundenseite wurde eingangs genannt, daß der Dienstleistungsanteil, der mit Produktverkäufen verbunden ist, immer mehr zunimmt. Und weil das Nutzenpotential, das hinter Dienstleistungen steckt, intensiv erläutert werden muß, muß der Verkäufer auch hier wieder informieren. Richtig informieren kann ein Verkäufer jedoch nur dann, wenn er vor einem Besuch soviel kundenbezogene Daten wie möglich sammelt.

Die Analysephase:
Der Verkäufer als Marktforscher

Der Verkäufer ist so nah am Markt, wie sonst kaum jemand im Unternehmen. Die Daten, die er als „Marktforscher" gewinnt, nützen nicht nur ihm für die Vorbereitung seiner Kundenbesuche, seine Akquisitionsarbeit oder sein Stammkundenmanagement. Die entsprechenden Markt- und Kundendaten sind auch ungemein wichtig für die Produktentwicklung, für Marketingmaßnahmen oder sogar für die allgemeine Unternehmensstrategie. Zu Beginn dieses Buches wurde bereits auf die entsprechenden Defizite hingewiesen. Ein Unternehmen kann die entsprechenden Daten dann am besten verwerten, wenn sie mit Hilfe eines Kundeninformationssystems gesammelt und strukturiert den relevanten Personengruppen zur Verfügung gestellt werden. Der Trend zum computerunterstützten Verkaufen kommt hier deutlich zum Tragen.

Das Datenmaterial, das Verkäufer gewinnen können, umfaßt zum einen Kundendaten im engeren Sinn, wie zum Beispiel Problemlösungsbedarfe, es umfaßt aber auch Informationen über die Märkte und die Mitbewerber des Kunden. Alles in allem ergibt sich daraus ein recht umfangreiches „Aufgabenbündel":

- 1. Erkundigen Sie sich (bei Geschäftskunden), in welchen Geschäftsfeldern sich Ihr Kunde bewegt, welche Produkte oder Dienstleistungen er anbietet.
- 2. Informieren Sie sich über die einzelnen Produktdaten und Leistungsmerkmale.
- 3. Informieren Sie sich aber vor allem auch darüber, welches Nutzenpotential Ihr Ansprechpartner seinen eigenen Kunden mit seinem Leistungspotential bieten will. Dieser Schritt ist entscheidend. Als kundenorientierter Verkäufer sollten Sie bei Ihrer Verkaufsargumentation immer die Perspektive Ihres Kunden berücksichtigen. Und die ist eben wiederum auf seine eigenen Kundensegmente ausgerichtet.
- 4. Erkundigen Sie sich, wie sich Ihr Kunde im Feld seiner eigenen Wettbewerber positioniert, mit welchen Leistungen und vor allem auch mit welchem Image er sich von seinen Mitbewerbern positiv unterscheiden will.
- 5. Informieren Sie sich über die wirtschaftlichen Rahmendaten Ihres Kunden. Welche Umsätze erwirtschaftet er mit welcher Umsatzrendite? Wie haben sich die Verkaufszahlen in den letzten Monaten und Jahren entwickelt?
- 6. Bringen Sie in Erfahrung, welche Trends und Tendenzen im Geschäftsbereich Ihres Kunden zu verzeichnen sind und welche Strategien und langfristigen Pläne er selbst hat.
- 7. Recherchieren Sie, welche Probleme Ihr Kunde hat. Als Verkäufer sind Sie primär Berater und Problemlöser.

8. Fragen Sie genau nach, welche Position, Kompetenzen und Entscheidungsbefugnisse Ihr Ansprechpartner hat. Fragen Sie auch nach der grundsätzlichen Entscheidungsstruktur des Kundenunternehmens. Wie gesagt, wird der Verkäufer der Zukunft häufiger mit Einkaufsteams zu tun haben. Wichtig also: Sie sollten über jedes einzelne Teammitglied Bescheid wissen, seine Funktion, Einflußmöglichkeiten und Interessen kennen.

9. Prüfen Sie, was dieser Kunde bereits bei Ihnen gekauft hat und wie sein Feedback auf diesen Kauf beziehungsweise die entsprechende Zusammenarbeit war. Positive Rückmeldungen können Sie zum Beispiel als Aufhänger verwenden. Kritik oder Reklamationen sollten Sie auf jeden Fall auch von sich aus ansprechen, um sie entschärfen zu können.

10. Informieren Sie sich auch besonders darüber, wie intensiv Ihr Ansprechpartner mit Ihren Mitbewerbern in Kontakt ist und wie zufrieden er mit dieser Zusammenarbeit ist. Erkundigen Sie sich über das Leistungspotential Ihrer Mitbewerber, vor allem aber auch, was den Nutzen angeht, den diese Ihrem Ansprechpartner bieten können oder zumindest versprechen.

11. Wenn Sie mit diesem Ansprechpartner bereits ein Gespräch geführt haben, sollten Sie auf jeden Fall das letzte Gesprächsprotokoll durchlesen, um beispielsweise offene Fragen zu überprüfen.

Die Zielsetzungsphase:
Der Verkäufer als Unternehmensberater

An dieser Stelle wird deutlich, daß Verkaufen immer bedeutet, neben den Kundeninteressen auch die Interessen des eigenen Unternehmens wahrzunehmen. Verkauft werden muß, was dem Kunden, aber auch dem Unternehmen „etwas bringt":

12. Leiten Sie aus dem Analyseteil ab, was Ihr Kunde braucht, was Sie ihm anbieten können, um seine Probleme zu lösen, damit er sich besser positionieren, seine eigenen Kunden besser betreuen und allgemein seine Geschäftsziele besser erreichen kann.

13. Überlegen Sie sich, was Sie genau verkaufen wollen. Gibt es zum Beispiel Produkte, die „geräumt" werden müssen, weil das Nachfolgeprodukt in Kürze erwartet wird, die letzte Version aber vollauf den Kundenbedürfnissen entspricht und zu einem günstigen Preis angeboten werden könnte?

14. Listen Sie Zusatzangebote auf, die Sie machen können oder machen müssen, um die Attraktivität Ihres Angebots zu steigern (vgl. hierzu auch den Abschnitt über modulares Verkaufen).

Die Strategiephase:
Der Verkäufer als Kommunikator

Das beste Angebot nützt Ihnen wenig, wenn Sie es in der Kommunikation mit dem Kunden nicht richtig „rüberbringen" können. Jeder Verkäufer sollte sich deshalb vor einem Kundenbesuch eine Gesprächs- beziehungsweise Kommunikationsstrategie zurechtlegen.

Apropos Kommunikation: Kommunikation dient nicht nur dazu, Informationen zu gewinnen oder zu vermitteln, sie hat auch die Funktion, *Gemeinschaft herzustellen*. Aktuelle sprachwissenschaftliche Untersuchungen gehen sogar davon aus, daß es eine wesentliche Aufgabe der Sprache ist, soziale Gemeinschaften zu ermöglichen. Der alltägliche Tratsch ist der Kitt, der verbindet. Ob über das Wetter, den letzten Urlaub oder die angekündigte Steuererhöhung geplaudert wird – entscheidend ist, daß solche Gemeinplätze ganz einfach für Sicherheit und Gemeinsamkeit sorgen. Was hier angesprochen wird, erfährt mit ziemlicher Sicherheit die Zustimmung des anderen, wenn widersprochen wird, trübt das die Beziehung in keinster Weise.

Überraschungen sind so gut wie ausgeschlossen. Das Gefühl der Sicherheit und Gemeinsamkeit, das durch solchen Small talk aufgebaut wird, ist die Basis, auf der fruchtbare Kundengespräche gedeihen können. Also immer daran denken: Trotz aller „technischen" Strategien, den Small talk von Mensch zu Mensch nicht vernachlässigen (was in diesem Fall mit Sicherheit kein Zeitdieb ist, sondern sinnvoll investierte Zeit). Doch kehren wir wieder zur Besuchsvorbereitung zurück, bei der Sie zum Stichwort „Strategie" vor allem die folgenden Punkte beachten müssen:

- 15. Legen Sie sich zwei oder drei Aufhänger zurecht, mit denen Sie das Gespräch eröffnen können.

- 16. Halten Sie alle Fragen, die Sie stellen wollen, vor dem Gespräch schriftlich fest.

- 17. Stellen Sie ebenfalls vor dem Gespräch eine Liste zusammen, in der Sie neben den Produkten, die Sie Ihrem Kunden anbieten wollen, Nutzenargumente aufführen, die individuell auf diesen Kunden zugeschnitten sind.

- 18. Menschen sind sinnliche Wesen. Bereiten Sie deshalb immer etwas vor, das Sie vorführen können, wie zum Beispiel Dias Ihres Unternehmens und Ihrer Produkte, eine Overheadpräsentation, das Produkt selbst oder Teile davon, die der Kunde in die Hand nehmen kann. Durch das visuelle oder taktile Erlebnis wird die Gefühlsseite Ihres Kunden angesprochen. Sie können ihn auf diese Weise weitaus besser begeistern und zu einem Abschluß motivieren als durch reines Zahlenmaterial.

- 19. Versorgen Sie sich immer auch mit ausreichend Verkaufsunterlagen, mit Prospekten, Tabellen, Fotografien. Im Gespräch können Sie sich auf diese Unterlagen beziehen und so unterhaltsame „Medienwechsel" einschieben. Außerdem sollten Sie Ihrem Kunden einen Satz dieser Unterlagen für mögliche Rückfragen überlassen.

Die Nachbereitungsphase:
Der Verkäufer als Controller

Durchführung ist gut, Kontrolle ist besser. Oft wird uns gar nicht richtig bewußt, was in einem Gespräch eigentlich alles „passiert" ist. Doch genau dies ist wichtig, um zukünftige Kundenbesuche besser durchführen zu können. Deshalb also immer daran denken:

- 20. Auf eine Manöverkritik sollten Sie niemals verzichten. Denn nur so erhalten Sie ein Feedback für die Optimierung Ihres nächsten Gespräches. Fragen Sie sich also immer, was Sie genau erreicht haben.
- 21. Haben Sie ein oder mehrere Ziele verfehlt, fragen Sie nach den Gründen des Scheiterns.
- 22. Planen Sie dann Ihre Schritte für die Zukunft.

Die Gesprächsvorbereitung, wie wir sie soeben besprochen haben, gehört zum „technischen" Handwerkszeug des Verkäufers, genauso wie die Zielformulierung oder das Zeit- und Selbstmanagement. In Zukunft wird jedoch auch die Fähigkeit gefragt sein, sich in den Kunden einzufühlen, ein Gefühl für die aktuelle Gesprächssituation zu gewinnen. Nur mit dieser Fähigkeit sind wirkliche kundenindividuelle Gespräche möglich, nur die Fähigkeit, sich selbst und den Gesprächspartner in der aktuellen Kommunikationssituation richtig wahrzunehmen, ein entsprechendes Gefühl zu entwickeln, ist die Basis für situationsgerechtes, kundenorientiertes Verkaufen. Diese Fähigkeit geht weit über die vielgenannte Empathie hinaus, wie Sie im nächsten Kapitel sehen werden.

Kapitel IV

Emotional Selling – Kundenindividuelles Beziehungsmanagement

Der Verkäufer der Zukunft hat sich von plumpen und stereotypen Verkaufstechniken verabschiedet. Sein Ziel ist es, sich individuell auf jeden Kunden und auf jedes Verkaufsgespräch einzustellen. Verkaufen mit Gefühl für Kunden und Situationen, lautet die Devise.

In diesem Kapitel erfahren Sie, wie Sie als Beziehungsmanager Wahrnehmungsfallen im Verkaufsgespräch entgehen können, wie Sie Ihre Kunden typgerecht zum Kauf motivieren können, ohne sie zu überreden, und was Sie beim „emotional Talk", der nonverbalen Kommunikation, alles erfahren können.

Kundenkontakte mit Herz und Verstand

Personal Selling und die verschiedenen Intelligenzen

Geschäfte werden von Mensch zu Mensch gemacht. Verkäufer stehen keinen abstrakten Unternehmen gegenüber, sondern sie verhandeln mit individuellen Persönlichkeiten. Auch im eigenen Unternehmen werden Verkäufer mehr und mehr in Kommunikationsprozesse eingebunden, denken wir doch nur an Teamstrukturen. Die Fähigkeit, wirksam mit anderen Menschen interagieren zu können, ist deshalb ein wesentlicher Erfolgsfaktor.

Wirksam kann diese sogenannte soziale Interaktion aber nur sein, wenn sie exakt auf die aktuelle Situation, zum Beispiel die Verkaufssituation, zugeschnitten ist: Sie muß der Person des Verkäufers entsprechen, sie muß der Person des Kunden entsprechen, und in teamorientierten Verkaufsprozessen muß sie der Gruppendynamik folgen, die wiederum aus den Charakteren und Interessen der einzelnen Personen resultiert. Kurzum: Sie muß so *persönlich*, so personenbezogen wie möglich sein.

> **Verkäufer müssen so persönlich und individuell wie möglich auf ihre Kunden zugehen.**

Personal Selling ist der Schlüssel zur kundenindividuellen Verkaufsstrategie. Persönliches Verkaufen ist jedoch nur möglich, wenn der Verkäufer sowohl sich selbst als auch seinen Ansprechpartner richtig *einschätzen* kann. Diese Fähigkeit wird in der modernen Sozialpsychologie als „personale Intelligenz" bezeichnet. Sie umfaßt als *interpersonale Intelligenz* die Fähigkeit, andere zu verstehen, und sie umfaßt als *intrapersonale Intelligenz* die Fähigkeit, sich selbst zu verstehen: „Interpersonale Intelligenz ist die Fähigkeit, andere Menschen zu verstehen: was sie motiviert, wie sie arbeiten, wie man kooperativ mit ihnen zusammenarbeiten kann. Wer als Verkäufer, Politiker, Lehrer, Kliniker und Religionsführer erfolgreich ist, besitzt wahrscheinlich ein hohes Maß an interpersonaler Intelligenz. Intrapersonale Intelligenz ... ist die entsprechende, nach innen gerichtete Fähigkeit. Sie besteht darin, ein zutreffendes, wahrheitsgemäßes Modell von sich selbst zu bilden und mit Hilfe dieses Modells erfolgreich im Leben aufzutreten."[9] Diese wissenschaftliche Charakterisierung stammt von dem amerikanischen Psychologen Howard Gardner, der sich in seinem Buch „Abschied vom IQ"[10] gegen die allgemein akzeptierte Ansicht von Intelligenz wendet, die lediglich logisch-mathematische beziehungsweise sprachliche Fähigkeiten berücksichtigt. Nach seiner Auffassung müssen zumindest sechs verschiedene „Intelligenzen" unterschieden werden.

- die linguistische Intelligenz
- die musikalische Intelligenz
- die logisch-mathematische Intelligenz
- die räumliche Intelligenz
- die körperlich-kinästhetische Intelligenz
- und die personalen Intelligenzen

Gardner entwirft so ein weitaus differenzierteres Bild menschlicher „Kernkompetenzen", als es die Vertreter klassischer Intelligenzkonzepte zu leisten vermochten. Der große Vorteil dabei ist, daß neben der logisch-mathematischen Intelligenz die anderen menschlichen Leistungen, und so auch die personalen Intelligenzen, als gleichberechtigte Leistungskomponenten erkannt und beachtet werden können. Eine personale Fähigkeit wie die Empathie, die gerade für Verkäufer so ungemein wichtig ist, steht so gleichberechtigt neben rein rationalen Kompetenzen. Gefühl und Verstand werden auf eine Stufe gestellt. Der Mensch muß ganzheitlich gesehen werden als ein Wesen mit Gefühl *und* Verstand. Ohnehin betonen immer mehr Psychologen und Gehirnforscher, daß die Zeiten, in denen der Verstand als der einzige „Weg zur Wahrheit" galt, endgültig vorbei sind.

Kundenindividuelles Verkaufen ist nur möglich, wenn neben dem Verstand auch die Emotionen berücksichtigt werden.

Gefühle und Verstand werden als gleichberechtigte „Partner" betrachtet, die jeder für sich spezifische Einzelleistungen vollbringen, die jedoch erst im „Teamwork" dem Menschen zu seinem vollen Leistungspotential verhelfen. In diesem Teamwork übernimmt mal die eine und mal die andere Seite die Führung: So öffnen uns unsere Gefühle immer spezifische Denk- und Handlungsfelder. Wenn wir zum Beispiel in schlechter Stimmung sind, werden auch unsere Gedanken negativ eingefärbt sein, entsprechend werden wir uns auch anders verhalten und andere Dinge tun, als wenn wir ausgeglichen und zufrieden sind. Auf der anderen Seite können wir durch unser rationales Denken auch unseren Gefühlshaushalt ganz gut in den Griff bekommen. Ein Segen für jeden, der zu Wutausbrüchen neigt, einen solchen „Anfall" jedoch zum Beispiel in einem Kundengespräch unbedingt vermeiden will.

Der rationale Umgang mit den Gefühlen bezieht sich insgesamt auf die folgenden Bereiche:

- Jeder Verkäufer muß zunächst *seine eigenen Gefühle kennen*. Er muß, wie die Sozialpsychologen sagen, die *Selbstwahrnehmung* beherrschen.

- Zweitens muß er *mit diesen Gefühlen rational umgehen können*. Er darf sich nicht zu sehr von seinen Gefühlen beeinflussen lassen, sondern muß seine Gefühle den jeweiligen Zielen entsprechend beeinflussen können.

▪ Drittens muß ein Verkäufer *seinen Gesprächspartner verstehen.* Ob in einem Verkaufsgespräch oder in Teamprozessen, er muß immer im Bild sein, was der andere will, was der andere für ein „Typ" ist, kurz, wie er ihn und seine Absichten einschätzen soll, um entsprechend seine Gesprächs- oder Verkaufsstrategie auszurichten. Diese Fähigkeit wird in der Sozialpsychologie als *Fremdwahrnehmung* bezeichnet.

Haben Sie Ihre Gefühle im Griff?

Menschen gehen grundsätzlich auf dreierlei verschiedene Weise mit ihren Gefühlen um[11]:

▪ *Sie verhalten sich gegenüber ihren Gefühlen achtsam*: In diesem Sinne achtsame Menschen sind permanent auf dem Laufenden, was ihren Gefühlshaushalt anbelangt. Sie sind offen für ihre Gefühle und können meistens auch entsprechend gut damit umgehen. In inneren Monologen thematisieren sie ihre aktuelle Gefühlslage und beurteilen, ob diese ihrem aktuellen Ziel dienlich ist oder nicht: „Ich bin gerade total schlecht drauf. Ich muß jetzt höllisch aufpassen, daß ich meine miese Laune nicht auf unser Verkaufsgespräch übertrage."

Sie gehören zu diesem Typ, wenn folgendes für Sie gilt:
- In Verkaufsgesprächen weiß ich immer über meine eigene Gefühlslage Bescheid.
- Übergroße Begeisterung oder schlechte Laune habe ich meinen Ansprechpartnern gegenüber immer ganz gut im Griff.
- Die Enttäuschung bei Rückschlägen kann ich gut und schnell verarbeiten.

■ *Sie werden von ihren Gefühlen überwältigt:* Menschen, die von ihren Gefühlen überwältigt werden, sind diesen meist auch ausgeliefert. Ihnen fehlt das richtige Maß an Achtsamkeit, um sich selbst in einer konkreten Situation richtig einschätzen zu können. Die Ursache für schlechte Stimmung zum Beispiel suchen sie in der Regel nicht bei sich selbst, sondern „objektiv" bei ihrem Gesprächspartner oder der allgemeinen Situation.

Sie gehören zu diesem Typ, wenn folgendes auf Sie zutrifft:
- Meine Stimmungen wechseln oft und meistens von einem Extrem zum anderen.
- Ich merke oft erst im nachhinein, wenn ich mich durch meine Stimmungen habe „steuern" lassen.
- Ich fühle mich allgemein als „Sklave" meiner Gefühle.

■ *Sie nehmen ihre Gefühle hin:* Menschen dieses Typs nehmen ihre Stimmungen sehr wohl wahr, haben ihnen gegenüber aber eine gleichgültige Einstellung: „Ich bin halt schlecht drauf, was soll's. Der andere kann ja ruhig ein bißchen Rücksicht auf mich nehmen."

Zu diesem Typ gehören Sie, wenn folgendes auf Sie zutrifft:
- Ich weiß bei einem Kundenkontakt immer, wie ich drauf bin, aber es ist mir egal.
- An meinen Gefühlen kann ich sowieso nichts ändern.
- Es ist unwichtig, seine Gefühle zu beeinflussen.

Gleichgültig, wie Sie sich selbst einschätzen: Optimal geht natürlich der erste Typ mit seinen Gefühlen um. Er ist nicht Sklave seiner Emotionen, sondern beherrscht sie und kann sie so auch für seine Zwecke steuern und einsetzen. Sollten Sie, wie wohl die meisten von uns, nicht zum ersten Typ gehören, müssen Sie sich selbst „emotional trainieren", denn, und das ist wesentlich, emotionale

Intelligenz kann man lernen. Jemand, der weder die eigenen Gefühle wahrnimmt noch sich um den Gefühlshaushalt seiner Mitmenschen kümmert, muß nicht bis ans Ende seiner Tage als emotionaler Analphabet durchs Leben trotten. Jeder kann sich die wichtigsten Kenntnisse leicht aneignen. Wichtig ist dabei vor allem eines: Offenheit sich selbst und anderen gegenüber.

Der Verkäufer mit Gefühl für sich selbst ...

Stellen Sie sich einmal vor, Sie sitzen mit einem potentiellen Kunden zusammen bei einem Akquisitionsgespräch. Die Verhandlungen sind schon recht weit fortgeschritten und sehen für Sie eigentlich auch ganz gut aus. Ihr Ansprechpartner stellt Ihnen schließlich die Frage, ob Sie ihm bei einem entsprechend großen Auftragsvolumen nicht fünf Prozent Rabatt auf den Verkaufspreis gewähren könnten. Normalerweise wäre dies kein Problem für Sie, ohnehin haben Sie bis zu zehn Prozent Rabatt in Ihre Kalkulation mit eingerechnet. Dennoch verneinen Sie den Wunsch Ihres Ansprechpartners. Das Geschäft platzt schließlich. Hinterher läuft der folgende Monolog in Ihnen ab: „Gerade habe ich ein gutes Geschäft platzen lassen, weil ich einen Rabattwunsch, entgegen meiner sonst üblichen Praxis, abgelehnt habe. Also muß ich den Abschluß unbewußt nicht gewollt haben. Ich glaube, daß mir mein Ansprechpartner einfach zu unsympathisch war." Ihr *Verhalten* hat Sie also auf Ihre gefühlsmäßige Einstellung Ihrem Gesprächspartner gegenüber aufmerksam gemacht. Während des Gesprächs war Ihnen die entsprechende Antipathie nicht einmal richtig bewußt.

Eine gängige sozialpsychologische Theorie geht davon aus, daß derartige Prozesse der Selbstwahrnehmung durch drei Faktoren gesteuert werden:

- *Konsistenz:* Verhalte ich mich in der entsprechenden Situation immer ähnlich? (Gewähre ich in einem Akquisitionsgespräch in der Regel Rabatt?)
- *Distinktheit:* Verhalte ich mich nur in der betreffenden Situation so, wie ich mich verhalten habe? (Gewähre ich nur Herrn Müller von Müller & Sohn Rabatt?)
- *Konsens:* Wie würden sich andere in dieser Situation verhalten? (Würde jeder andere Verkäufer ebenfalls einen Rabatt gewähren?)

Natürlich ist der Weg, von seinem *Verhalten* auf seine Gefühle zu schließen, nur *ein* Weg, um sich seiner Emotionen bewußt zu werden. Der andere Weg ist gewissermaßen der Weg „nach innen". Aktuelle Gefühle werden dabei aktiv und bewußt registriert, ohne den „Umweg" über bestimmte Verhaltensweisen.

... und für seine Kunden

Die bewußte Wahrnehmung unserer eigenen Gefühle ist nicht nur deshalb wichtig, weil wir nur so die vollständige Kontrolle über unser Verhalten haben können. Sie ist auch deshalb von entscheidender Bedeutung, weil sie die Basis dafür ist, daß wir auch die Gefühle anderer bewußter wahrnehmen, daß wir erkennen, was andere empfinden. Wer nur über ein sehr eingeschränktes Gefühlsleben verfügt und für seine Gefühle nicht offen ist, kann natürlich die nuancierten Gefühlsäußerungen seines Gegenübers nicht verstehen. Aber genau auf dieses Verstehen kommt es an, wenn Verkäufer in Kundengesprächen sich ein Bild von ihrem Gesprächspartner machen wollen, wenn sie bestimmte Urteile über ihn fällen, die eine Geschäftsbeziehung entscheidend mit beeinflussen können. Überlegen Sie sich doch einmal, wie ein Kundengespräch verlaufen würde, wenn Sie permanent falsche Urteile über Ihren Gesprächspartner bilden würden: Ein zielorientiertes Gespräch wäre nahezu unmöglich.

Voraussetzung für ein erfolgreiches Kundengespräch ist die richtige Einschätzung des Kunden, nur sie ermöglicht kundenindividuelles Verkaufen.

Eine falsche Einschätzung eines Gesprächspartners kann auch zu einem Effekt führen, der in der Psychologie als „self-fulfilling prophecy" bezeichnet wird, als sich selbst erfüllende Prophezeiung. Nehmen Sie einmal an, Sie werden zu einem Gespräch zu einem Kunden eingeladen, den Sie noch nicht persönlich kennen, von dem Sie aber bereits gehört haben, daß er ein ziemlich aggressiver Gesprächspartner sein soll. Mit diesem „Wissen" sitzen Sie ihm jetzt im Gespräch gegenüber und pressen alles, was der andere sagt, in diese Schablone Ihres Vorurteils. Sie versehen alle Äußerungen des anderen mit dem Label „tendentiell aggressiv". Weil Sie noch nicht achtsam genug mit Ihren Gefühlen umgehen, ist Ihnen dieser Mechanismus nicht bewußt. Die vermeintliche tendentielle Aggressivität der Äußerungen Ihres Gegenübers ist für Sie also nicht das Ergebnis Ihres eigenen Vorurteils, sondern eine „objektive" Eigenschaft Ihres Ansprechpartners. Und entsprechend verhalten Sie sich dann auch, denn wer will es sich schon gefallen lassen, in einem Gespräch in die Ecke gedrängt zu werden. Auf eine neutrale Bemerkung Ihres Gesprächspartners, die von Ihnen gemäß Ihres Vorurteils falsch interpretiert wird, reagieren Sie mit einem, wie Sie meinen, „Gegenangriff": Sie geben jetzt eine wirklich aggressive Bemerkung von sich. Spätestens beim dritten Mal wird Ihr Ansprechpartner auf Ihren aggressiven Ton reagieren und wehrt sich seinerseits durch eine etwas rauhere Sprache. Das Ergebnis: Ihr Ansprechpartner reagiert aggressiv, und Sie sehen sich in Ihrem Vorurteil bestätigt, was Sie durch Ihr eigenes Verhalten jedoch erst provoziert haben.

Die „objektive" Wahrnehmung unseres Gegenüber ist deshalb von entscheidender Bedeutung. Als Verkäufer können Sie nur dann ein effektives Gespräch *führen*, also in Ihrem Sinne steuern, wenn Sie nicht nur sich selbst, sondern auch den anderen richtig einschätzen. Doch auf dem Weg zur korrekten Wahrnehmung eines Gesprächspartners lauern einige „Wahrnehmungsfallen", die unter anderem ihren Ursprung in einer mangelhaften Beobachtung des eigenen Gefühlshaushalts haben.

Verkäufer müssen sich vor „Wahrnehmungsfallen" im Gespräch hüten.

Daß die Beobachtung der eigenen Gefühle aber nicht ganz so trivial ist, haben wir bereits gesehen. An einem kurzen Beispiel soll noch einmal verdeutlicht werden, wie schnell wir sogar das Bild fälschen, das wir von uns selbst haben: Menschen streben in der Regel danach, unter fast allen Umständen ein positives Bild von sich selbst zu entwerfen. Wenn wir einmal einen Job in den Sand gesetzt haben, oder wenn wir vor einer scheinbar unlösbaren Aufgabe stehen, legen wir uns bestimmte Erklärungsmodelle zurecht, in denen die Schuld so verteilt wird, daß wir selbst möglichst gut dabei wegkommen. Dieser Mechanismus wird oft unbewußt gesteuert. Ein Verkäufer, der weiß, daß er in zwei Wochen ein Akquisitionsgespräch in einem Kreis hochrangiger Manager führen muß, von dem sehr viel für ihn abhängt, wird sehr wahrscheinlich die letzten Nächte vor dem Termin schlecht schlafen. Eventuell sinken in Erwartung des gefürchteten Termins seine Lebensgeister so weit, daß er von einer Erkältung, einer Gastritis oder starken Kopfschmerzen heimgesucht wird. Zum Gespräch selbst ist er so geschwächt, daß er seine Ansprechpartner auch tatsächlich nicht überzeugen kann. Er selbst hat dann sofort ein passendes Erklärungsmodell parat: „Klar, daß ich den Abschluß nicht geschafft habe, bei meiner Grippe. Wäre ich fit gewesen, hätte ich den Auftrag jetzt bestimmt in der Tasche." In „Wirklichkeit" jedoch hat die Überzeugung dieses Verkäufers, daß er bestimmt versagen wird, dafür gesorgt, daß er eine Ursache finden kann, die außerhalb seiner selbst beziehungsweise seiner Fähigkeiten liegt, nämlich die Übermüdung oder Schwächung durch Krankheit. Obwohl wir es also mit sehr komplizierten und trickreichen Mechanismen bei der Selbst- und Fremdwahrnehmung zu tun haben, können wir durch die entsprechende Aufmerksamkeit bestimmten Wahrnehmungsfallen entgehen. Im folgenden erfahren Sie, welches die Fallen sind, denen Verkäufer in Verkaufsgesprächen regelmäßig ausweichen müssen.

Vorsicht, Wahrnehmungsfalle!

Kunde und Verkäufer: Fremde oder Freunde?

Grundsätzlich ist jeder Verkäufer, der mit einem „Fremden" ein Verkaufsgespräch führt, in einem Dilemma. Zum einen will er sich seinem Gegenüber öffnen, eine freundschaftliche Atmosphäre herstellen und für Gemeinschaft sorgen. Grundsätzlich verfügt jeder Mensch auch über die entsprechenden sozialen Fähigkeiten. Sie haben sich im Laufe der menschlichen Stammesgeschichte entwickelt. Für unsere Urahnen, die in Stammesverbänden lebten, waren sie ein echter Erfolgsfaktor. Weder nomadisches Verhalten noch Jagdgemeinschaften wären ohne eine gut entwickelte Intuition für die anderen, für die Gemeinschaft, denkbar gewesen. Während in grauen Urzeiten unsere Ahnen in der Regel mit bekannten Gesichtern umgeben waren, sieht sich ein Verkäufer weitgehend fremden Menschen gegenüber. Für solche Situationen sieht unser Verhaltensrepertoire jedoch das Programm vor: „Achtung, wer nicht mein Freund ist, ist vielleicht mein Feind, also erst einmal etwas Distanz!" Doch gerade diese Distanz kann in einem Verkaufsgespräch hinderlich sein, wenn es gilt, soviel Vertrautheit wie nur möglich zu schaffen. Als Verkäufer sollten Sie sich dieses Dilemma immer bewußt machen. Sie werden dann ein besseres Gefühl für die entsprechende Gesprächssituation haben und eine „kontrollierte Offenheit" entwickeln können.

Wie sehr gleicht uns unser Kunde:
Wahrnehmungsfalle Ähnlichkeiten und Unterschiede

Doch worauf sollen wir uns verlassen, wenn wir uns von einem Menschen, zum Beispiel von einem Kunden, ein Bild machen wollen? Bei der Wahrnehmung von physischen Merkmalen ist dies relativ einfach. Wir sehen, ob jemand groß oder klein ist, wir nehmen wahr, ob er helles oder dunkles Haar hat und so weiter. Die soziale Wahrnehmung unterscheidet sich jedoch von der physischen dadurch, daß nicht leicht wahrnehmbare, „oberflächliche" Merkmale im Mittelpunkt stehen, sondern „verborgene" Eigenschaften, die erschlossen werden müssen. Wir „sehen" nicht, daß jemand freundlich oder unfreundlich ist, wir schließen es aus bestimmten verbalen oder nonverbalen Verhaltensweisen, wozu zum Beispiel auch der Gesichtsausdruck zählt. Der Schluß vom Äußeren auf bestimmte „innere Werte" wird zum Beispiel auch dadurch beeinflußt, ob uns ein Gesprächspartner eher ähnlich oder eher unähnlich ist. Personen, die uns eher ähnlich sind, bewerten wir tendentiell eher positiv, wohingegen wir Menschen, die sich mehr oder weniger stark von uns unterscheiden, eher negativ bewerten. Stellen Sie sich einmal vor, Sie sind zu einem Gespräch bei einem neuen Kunden eingeladen. Sie selbst sind zwar ein korrekter, aber dennoch legerer Typ, weshalb Sie auch gerne mal zu einem wichtigen Gespräch ein lässiges Sakko und ein sportliches Hemd zu einer Jeanshose kombinieren. Wenn Ihnen dann bei dem Gesprächstermin Ihr Gesprächspartner in einem ähnlichen Outfit entgegenkommt, kann der ziemlich sicher einen Pluspunkt in Ihrer Sympathiewertung für sich verbuchen. Andererseits würden Sie, zumindest unterbewußt, einen stockkonservativ gekleideten Ansprechpartner eher kritisch beurteilen. Ähnlichkeit oder Unähnlichkeit werden natürlich nicht nur in bezug auf die Kleidung registriert, sondern beziehen sich auf alle wahrnehmbaren Details: allgemeines Erscheinungsbild, Mimik, Gestik, Kommunikationsverhalten und anderes mehr.

Wenn wir bei einem Kunden Ähnlichkeiten mit uns selbst feststellen, erhält er spontan einen Vertrauensbonus – jedoch auch immer zu Recht?

Die spontane Sympathie oder Distanziertheit können dann einen Gesprächsverlauf entscheidend beeinflussen. Wichtig für Sie: Machen Sie sich auf jeden Fall entsprechende spontane Einschätzungen bewußt: „Ich reagiere positiv auf meinen Gesprächspartner. Klar, er ist auch ähnlich locker wie ich gekleidet. Dennoch, Vorsicht, kein zu hoher Sympathiebonus, denn ich kenne diesen Menschen nicht und habe jetzt einfach spontan von seinem Äußeren auf seinen Charakter geschlossen. Ein solcher voreiliger Schluß kann natürlich auch falsch sein." Natürlich kann sich auch der etwas konservativere Zeitgenosse, der Ihnen auf den ersten Blick völlig unähnlich ist, als hervorragender Geschäftspartner herausstellen. Deshalb: Einen ersten Eindruck – ob positiv oder negativ – immer bewußt registrieren, aber grundsätzlich mit objektiver Distanz behandeln.

Der Kunde und die eigene Laune:

Wahrnehmungsfalle Gefühle und Stimmungen

Es gibt aber noch weitere Gründe, die uns daran hindern, einen Gesprächspartner so zu sehen, wie er wirklich ist. So gehören vor allem unsere Gefühle zu den größten Wahrnehmungsfallen. Je nachdem, in welcher Stimmung wir uns befinden, nehmen wir auch unsere Umwelt und unsere Mitmenschen wahr. Bestimmt ging es Ihnen auch schon so, daß Sie an einem richtig schönen Sommermorgen nach einem ausgedehnten Frühstück mit der allerbesten Laune Ihren ersten Kunden besucht haben. Während des Gesprächs sahen Sie dann alles durch Ihre Gute-Laune-Brille: Ihr Ansprechpartner kam Ihnen „unheimlich sympathisch" vor, das Gespräch verlief „sehr positiv", und überhaupt fanden Sie alles ganz prima.

Die Gute-Laune-Brille sorgt nicht immer für die richtige Wahrnehmung des Kunden.

Leider hat Ihre Gute-Laune-Brille Ihre Wahrnehmung des Gesprächspartners etwas verzerrt. Der wollte mit Ihnen zwar auch ein „sehr positives" Gespräch führen, jedoch natürlich ausschließlich zu seinen Gunsten. Leider fiel Ihnen das erst auf, als Sie von Ihrem Stimmungshoch wieder herunter gekommen waren und bereits diverse mündliche Zusagen gegeben haben, die Sie am liebsten wieder rückgängig gemacht hätten. Gute Laune ist also noch lange kein Garant für gute Geschäfte!

Natürlich kann auch das genaue Gegenteil der Fall sein: Nach einer unruhigen Nacht, in der Sie diverse Sorgen geplagt haben, machen Sie sich übermüdet in aller Frühe zu Ihrem ersten Kunden auf. Kurz bevor Sie Ihr Reiseziel erreicht haben, werden Sie von seiner Sekretärin angerufen, daß „ ... Herr Wiesel leider einen anderen, äußerst wichtigen Termin wahrnehmen muß". Also, nächste Autobahnabfahrt raus und wieder Retour. Die entstandene „Freizeit" wollen Sie in Ihrem Büro nutzen, um Korrespondenz zu bearbeiten. Danach machen Sie sich zu Ihrem nächsten Kunden auf. Der macht Sie gleich einmal rund, wegen vermeintlicher Produktmängel, die jedoch eindeutig auf fehlerhaftes Verhalten seinerseits zurückzuführen sind. „Damit mir so etwas nicht noch einmal passiert, ... !" hat er gleich den nächsten Auftrag storniert. Mit einer richtig schönen Wut im Bauch fahren Sie zu Ihrem letzten Kunden an diesem Tag, den Sie jetzt durch Ihre Schlechte-Laune-Brille sehen. Während des ganzen

Gesprächs liegen Sie innerlich auf der Lauer: „Ich werd doch eh immer von allen Kunden gefoppt. Der will mich doch bestimmt auch bloß über den Tisch ziehen." Sie reagieren im Gespräch entsprechend Ihrem Adrenalinspiegel äußerst gereizt, was sich Ihr Gegenüber natürlich nicht bieten lassen will. Den Auftrag können Sie dann in der Pfeife rauchen.

Lassen Sie niemals ein Kundengespräch unter der eigenen Laune leiden.

Wie leicht unsere „Gefühlschemie" unsere Wahrnehmung und unser Verhalten beeinflussen kann, zeigt auch das folgende psychologische Experiment:

Eine Gruppe von Probanden wurde geteilt. Die einen wurden auf Hometrainern so gestreßt, daß Ihr Blut ordentlich mit Adrenalin angereichert war. Die andere Gruppe durfte sich solange ausruhen. Die Mitglieder beider Gruppen wurden dann in Gespräche mit den Versuchsleitern verwickelt. Alle wurden dabei mit Äußerungen konfrontiert, die haarscharf neben dem lagen, was allgemein als höflich gilt. Die „Radfahrer-Gruppe" reagierte auf diese Äußerungen auffällig aggressiver als die andere Gruppe, und sie beschrieb auch die allgemeine Gesprächssituation als „angespannt" oder „etwas gereizt". Eine Beurteilung, die die erholten Probanden in der Regel nicht machten. Nur der künstlich erzeugte Adrenalinspiegel sorgte also für eine unterschiedliche Wahrnehmungsperspektive. Psychologische Untersuchungen konnten sogar zeigen, daß unsere Stimmung darüber entscheidet, wie wir mehrdeutige Gesichtsausdrücke interpretieren. Ein leicht geschwungener Mund wird von uns als Lächeln bewertet, wenn wir selbst gut gelaunt sind, derselbe Mund ist für uns jedoch eher ein Grinsen, wenn wir nicht so guter Stimmung sind.

Unsere Gefühle, unsere Stimmungen, unsere Laune wird außerdem schon durch Kleinigkeiten beeinflußt: Wir können schon gut gestimmt sein, wenn unser Lieblingssportverein gewonnen hat, wenn der Himmel schön blau ist oder wenn ein Lied im Radio kommt, das uns gut gefällt. Beobachten Sie also immer sehr genau Ihre Gefühle und Stimmungen! Machen Sie sich vor wichtigen Gesprächen bewußt, in welcher emotionalen Verfassung Sie gerade sind, denn: Wer seine Gefühle nicht kennt, ist ihnen ausgeliefert. Achten Sie deshalb immer darauf, daß Sie sich nicht zu sehr von diesen Gefühlen – auch nicht von den positiven – beeinflussen lassen.

Der Kunde und seine Umgebung:
Wahrnehmungsfalle Situation und Kontext

Wie sehr die Gesprächssituation Ihre Personenwahrnehmung beeinflußt, können Sie sich mit Hilfe der folgenden Szenen bewußt machen:

Sie sind zu einem neuen Kunden zu einem Gespräch eingeladen.

- *Szene 1:* Sie betreten ein durchgestyltes Foyer und werden von einer Empfangsdame, die genausogut als Model arbeiten könnte, mit einem Lift in die vierte Etage begleitet. Dort werden Sie von der Sekretärin Ihres Ansprechpartners empfangen und gebeten, in einem schweren und äußerst bequemen Ledersessel einer Sitzgruppe zu warten. Diverse Wirtschaftszeitschriften und Getränke stehen Ihnen zur Verfügung. Pünktlich werden Sie von der Sekretärin informiert, daß Ihr Ansprechpartner jetzt frei ist. Sie betreten sein Büro und werden von einem seriös gekleideten Herrn mit einem gewinnenden Lächeln empfangen.

- *Szene 2:* Sie können vor der Niederlassung Ihres Kunden keinen Parkplatz finden, weil das Gebäude an einer stark befahrenen Durchfahrtsstraße liegt. Sie müssen eine Viertelstunde durch die wenig ansehnliche Gegend zu Fuß gehen. Endlich angekommen, müssen Sie noch einige Zeit warten, bis auf Ihr Läuten die Türe von einem Studenten, der hier aushilft, geöffnet wird. Sie gehen zu Fuß die Treppe bis in den ersten Stock, wo Sie dann in einem recht tristen Ambiente von Ihrem Ansprechpartner empfangen werden.

Sie wissen genausogut wie ich, welchem der beiden Gesprächspartner Sie in bezug auf eine lukrative Geschäftsbeziehung mehr zutrauen würden und das, bevor Sie auch nur ein einziges Wort mit ihm gewechselt haben. Der „edle" Kontext der ersten Szene formt eine bestimmte positive Erwartungshaltung bezüglich des Ansprechpartners.

Lassen Sie sich nicht durch nobles Ambiente beeindrucken!

Wir sollten uns jedoch auch klar darüber sein, daß das noble Ambiente noch lange kein Garant für eine positive Geschäftsbeziehung sein muß. Vielleicht kann der ganze Aufwand ja nur betrieben werden, weil die Geschäftspartner des Nobelunternehmens regelmäßig ausgequetscht werden. Aber auch die Position beziehungsweise der Titel Ihres Ansprechpartners kann einen großen Einfluß auf die Gesprächssituation haben. Ein „Geschäftsführender Gesellschafter Dr. Max Müller" hat (leider) auf die meisten von uns eine andere Wirkung als ein schlichtes „Max Müller".

Wie der bloße akademische Grad die Wahrnehmung beeinflussen kann, konnte wiederum eine psychologische Untersuchung eindrucksvoll demonstrieren: Einer größeren Gruppe von Studenten wurde ein Gastdozent präsentiert, der angeblich ein angesehener Professor der Universität xy wäre. Vor einer anderen Gruppe dozierte derselbe Gastdozent als einfacher Assistent. Nach der jeweiligen Vorlesung nach der Körpergröße des Dozenten befragt, nannten die Studenten, die glaubten, von einem Professor unterrichtet worden zu sein, ein auffällig größeres Körpermaß als die andere Gruppe, die „nur" einen Assistenten vor sich glaubte! Also niemals von Titeln beeindrucken lassen! Das einzige, was zählt, sind die Leistungsfähigkeit Ihres Ansprechpartners und seine Kompetenz. Das gleiche gilt auch für andere äußere Merkmale der Gesprächssituation, wie etwa die Ausstattung der Räumlichkeiten.

Der Kunde und unser Bild vom Kunden:
Wahrnehmungsfalle Vorurteile

Eine der häufigsten Fehlerquellen bei der Personenwahrnehmung sind vorgefaßte Meinungen über bestimmte Menschentypen, also „Vor-Urteile". Diese Typenbildung entspricht der allgemeinen menschlichen Tendenz, die Flut an Eindrücken und Informationen aus der Umwelt durch die Bildung von Kategorien in den Griff zu bekommen. Und so bevölkern auch die unterschiedlichsten Menschentypen unseren Kopf: Es gibt da zum Beispiel den „typischen Einkäufer", den „typischen Geschäftsführer" und den „typischen gutsituierten Privatkunden mittleren Alters" und viele andere mehr. Mit jedem dieser Typen verbinden wir bestimmte Eigenschaften: „Der typische Einkäufer ist ein Schlitzohr und will dich über den Tisch ziehen." Sobald Sie mit diesem Vorurteil versehen mit einem bestimmten Einkäufer, nennen wir ihn einmal Kurt Fix, ein Verkaufsgespräch führen, ersetzen Sie in Ihrem Vorurteil das allgemeine „der typische Verkäufer" durch den konkreten „Kurt Fix". Ergebnis ist dann ein bestimmtes Urteil über diese Person: „Kurt Fix ist ein Schlitzohr und will dich über den Tisch ziehen." Kurt Fix, den Sie niemals zuvor in Ihrem Leben gesehen haben, ist an Ihrem vorgefaßten Urteil, das Sie von ihm haben, völlig unschuldig, Sie werden sich ihm gegenüber aber gemäß diesem Vorurteil verhalten, was Ihrer Gesprächsführung ein hohes Maß an Flexibilität und Souveränität nimmt und nicht zuletzt einfach ungerecht gegenüber dem armen Kurt Fix ist, der vielleicht stets darauf bedacht ist, seine Geschäftspartner zufrieden zu stellen.

Überprüfen Sie also immer wieder die Urteile und Typen, die sich im Laufe der Zeit bei Ihnen festgesetzt haben. Nehmen Sie die entsprechenden Eigenschaften lediglich als Erfahrungswerte, die jedoch durch eine konkrete Person erst bestätigt oder widerlegt werden müssen.

Vorurteile sind sehr oft der beste Weg zu Fehlurteilen.

Auch hier sehen wir wieder: Erst wenn wir uns selbst richtig kennen und verstehen, können wir auch unsere Mitmenschen angemessen beurteilen und mit ihnen umgehen. Erst wenn wir uns unserer Vorurteile bewußt sind, merken wir, in welche Schablonen wir unsere Mitmenschen, Kunden und Kollegen pressen. Außerdem: Die allgemeine menschliche Tendenz, Kategorien zu bilden, können Sie auch zu Ihrem Vorteil nutzen: Wenn Sie sich mit einem Geschäftspartner treffen, müssen Sie zu Beginn der Unterhaltung dafür sorgen, daß er Sie einer positiv belegten Kategorie zuordnet, indem Sie den vielzitierten guten ersten Eindruck machen. Sie haben dann die besten Chancen, daß alles, was Sie anschließend sagen und machen werden, im Rahmen dieser positiven Kategorie bewertet wird.

Auf der nächsten Seite finden Sie die wichtigsten Wahrnehmungsfallen, die sich Verkäufern in einem Verkaufsgespräch stellen können, noch einmal aufgelistet. Wenn Sie sich die entsprechenden „Gefahren" regelmäßig bewußt machen, kann eigentlich kaum mehr etwas schiefgehen.

Die wichtigsten Fallen der Personenwahrnehmung im Verkaufsgespräch und wie Sie damit umgehen können

▪	Wahrnehmungsfalle Ähnlichkeit und Unterschiede	▪	Nehmen Sie Ähnlichkeiten und Unterschiede als Hinweis, daß ein gewisses Maß an persönlicher Übereinstimmung oder Abweichung bestehen könnte. Machen Sie sich aber auch bewußt, daß das Gegenteil der Fall sein kann. Versuchen Sie dann, die beobachteten Ähnlichkeiten bzw. Unterschiede zur Seite zu schieben.
▪	Wahrnehmungsfalle Gefühle und Stimmungen	▪	Registrieren Sie Ihre aktuelle „emotionale Verfassung". Versuchen Sie, extreme Stimmungslagen nicht auf eine Gesprächssituation zu übertragen.
▪	Wahrnehmungsfalle Situation und Kontext	▪	Lassen Sie sich nicht von Räumlichkeiten, Titeln oder ähnlichen äußeren Faktoren beeindrucken. Seien Sie für Ihren Gesprächspartner auch offen, wenn der Kontext etwas schlichter ist.
▪	Wahrnehmungsfalle Vorurteile	▪	Machen Sie sich immer wieder bewußt, mit welchen Vor-Urteilen sie „behaftet" sind und was dies für die Beurteilung eines Ansprechpartners bedeutet. Versuchen Sie, jedem Ansprechpartner so offen wie möglich zu begegnen.

Den Kunden motivieren

Primäre Motivation –
der beste Weg zur Begeisterung des Kunden

Nachdem nun die wichtigsten Fallen enttarnt sind, die die Kommunikation mit dem Kunden gefährden können, wenden wir uns jetzt der Frage zu, wie ein Verkäufer einen potentiellen Kunden zu einem Kauf oder einem Abschluß bewegen kann: Denn die Kunst des Verkaufens besteht letzten Endes in nichts anderem.

Mit der Frage, wie jemand zu etwas bestimmtem bewegt oder veranlaßt wird, beschäftigt sich die Motivationspsychologie. Einen Kunden zum Kauf zu motivieren hat nichts mit *überreden*, aber um so mehr mit *überzeugen* zu tun. Ein Kunde, der von einem geschickten Verkäufer (und geschickt sein darf man durchaus, ohne gleich manipulieren zu müssen) zu einem Kauf motiviert wird, verspürt in sich selbst den dringenden Wunsch, den entsprechenden Kauf zu vollziehen, das „beworbene" Produkt oder die Dienstleistung für sich in Anspruch nehmen zu können.

Grundsätzlich unterscheidet die Motivationspsychologie zwischen der sogenannten *primären* und der sogenannten *sekundären* Motivation. Liegt einer bestimmten Handlung die primäre Motivation zugrunde, wird sie um ihrer selbst willen durchgeführt. Ich kann zum Beispiel joggen gehen, weil ich die gleichförmige Bewegung an der frischen Luft liebe. Liegt einer bestimmten Handlung die sekundäre Motivation zugrunde, ist sie ein Mittel zu einem bestimmten Zweck. So kann ich zum Beispiel auch joggen, weil ich mein Gewicht halten möchte. Eine bestimmte Tätigkeit oder Handlung wird natürlich mit sehr viel mehr Begeisterung und Engagement angegangen, wenn die primäre Motivation gegeben ist. Jemand, der einfach gerne joggt, geht auch bei Regen raus. Jemand, der sich wegen seiner überflüssigen Pfunde abquält, sucht ohnehin permanent nach Ausreden, die ihn von dieser Qual befreien. Schon der leichteste Nieselregen ist dann ein willkommener Anlaß, die Joggingschuhe in der Ecke liegen zu lassen. Genauso verhält es sich bei einem Kauf oder einem Geschäftsabschluß. Ein Kunde, der zu einem Kauf primär motiviert ist, also durch den Erwerb eines bestimmten Objektes selbst schon bestimmte Bedürfnisse befriedigt, ist weitaus mehr zu diesem Kauf motiviert, als ein Kunde, für den der Kauf lediglich Mittel zum Zweck ist. Einen Porsche kauft sich wohl kaum jemand, um einfach über ein Fortbewegungsmittel zu verfügen, dies mag vielleicht eine sekundäre Motivation sein, die primäre Motivation ist jedoch mit dem Image dieser Automarke verbunden, und dieses Image kauft der Kunde gleich mit, egal ob das gute Stück in der Garage steht, oder ob es bewegt wird.

Ein erfolgreicher Verkäufer muß die Gefühle seiner Kunden ansprechen können.

Die primäre Motivation hat also sehr viel mit Emotionen zu tun, und der Verkäufer, der es versteht, die Gefühle seiner potentiellen Kunden anzusprechen, wird weitaus mehr Geschäfte abschließen als sein Kollege, der jedem Kunden nur den eigentlichen Verwendungszweck eines bestimmten Produktes „verrät".

Doch welche Motive sind es, die Kunden zu einem Kauf bewegen? Eine pauschale und katalogisierende Antwort würde der Individualität eines jeden Kunden nicht gerecht werden, dennoch lassen sich bestimmte Motivationstypen ausmachen, die Ihnen als Orientierungshilfe dienen können.

Die fünf Grundbedürfnisse Ihrer Kunden

Für unsere Zwecke eignet sich am besten eine schematische Unterscheidung von fünf Grundbedürfnissen, die als Basis dient, um einzelne Motivationstypen unter den Kunden zu bestimmen.

Eine Motivation ist immer der Versuch, einem unbefriedigten Bedürfnis zu entsprechen. Durst motiviert zum Beispiel dazu, etwas zu trinken. Die Bedürfnisse, die wir im folgenden betrachten werden, sind soziokulturell beziehungsweise biographisch bestimmte Bedürfnisse und nicht die biologischen Grundbedürfnisse wie Ernährung und Arterhaltung. Die Bedürfnisse sind in einer „Liste" angeordnet, wobei an erster Stelle das aktuell wichtigste Bedürfnis steht, an zweiter Stelle das zweitwichtigste und so weiter. Wenn das erste Bedürfnis befriedigt ist, rutscht es ab auf einen niedrigeren Rang und wird durch ein anderes ersetzt, das somit zur Nummer eins wird:

- 1. Bedürfnis: a
- 2. Bedürfnis: b
- 3. Bedürfnis: c
- 4. Bedürfnis: d
- 5. Bedürfnis: e

Die Befriedigung von Bedürfnis a verursacht einen Wechsel in der Rangfolge der Grundbedürfnisse:

- 1. Bedürfnis: b
- 2. Bedürfnis: c
- 3. Bedürfnis: d
- 4. Bedürfnis: e
- 5. Bedürfnis: a

Kundenorientiertes Verkaufen bedeutet, daß ein Verkäufer erkennen muß, welches Grundbedürfnis bei seinem Ansprechpartner an erster Stelle steht. Wenn er dann seine Verkaufsargumentation so ausrichtet, daß der Kunde erkennt, daß er durch einen Kauf genau dieses Bedürfnis befriedigen kann, wird er sehr wahrscheinlich seine Produkte erfolgreich verkaufen können. Die Erkundung der Motivationslage ist nicht nur für den Verkauf an Endverbraucher wichtig, sie kann auch entscheidend für Kaufabschlüsse im Business-to-Business-Bereich sein, obwohl hier die nüchterne Nutzenargumentation ebenfalls eine große Rolle spielt. Aber auch der Einkäufer eines Unternehmens ist ein Mensch mit einer ganz bestimmten psychischen Disposition, mit einem eigenen Charakter und bestimmten Lebenserfahrungen, die alle seine Grundbedürfnisse und somit auch seine Motivationslage beeinflussen.

Der Kunde will bewundert werden

Es sind nicht wenige, die ihr Selbstbewußtsein aus ihrem sozialen Status, aus der sozialen Anerkennung, die sie genießen, ziehen. Bewunderung, Anerkennung und Respekt sind für viele so etwas wie die definitorischen Größen ihres Selbstbildes. Und so streben diese Menschen auch permanent danach, diesem Selbstbild zu entsprechen, dieses Bedürfnis zu befriedigen. Das typische Beispiel für Produkte, die dem Bedürfnis nach sozialer Anerkennung entsprechen, ist das luxuriöse Eigenheim oder die Nobelkarosse. Typisch hierfür sind auch bestimmte Marken beziehungsweise Labels, die mit einem bestimmten Image verbunden sind. Jeder, der Kinder im schulpflichtigen Alter hat, weiß, daß nur eine ganz bestimmte Jeansmarke und nur eine ganz spezielle Turnschuhmarke ihrem Träger zu sozialer Anerkennung von seiten der Klassenkameraden verhelfen kann. Welche Produkte und welche Dienstleistungen dieses Grundbedürfnis befriedigen, ist, wie gesagt, auch vom sozialen Umfeld, in dem sich ein

Kunde bewegt, abhängig. Ein Topmanager leitet sein soziales Prestige aus einem anderen Fahrzeugtyp ab als ein sportlich ambitionierter Jugendlicher.

Marken und Labels sind für den anerkennungsorientierten Kunden oft das beste „Argument", ein Produkt zu erwerben.

Ein Verkäufer hat also zum einen den Job zu erkennen, ob das Bedürfnis nach sozialer Anerkennung für seinen Ansprechpartner aktuell an oberster Stelle steht. Zum anderen muß er seine Verkaufsargumentation diesem Motivationstyp entsprechend ausrichten können. Er muß seinem Kunden klarmachen können, daß sein sozialer Status und die Anerkennung, die er genießen wird, durch den Erwerb des entsprechenden Produkts ansteigen wird. „Dieses Collier verkaufen wir ausschließlich an sehr exklusive Kundschaft", „Auch Dr. Peters ist unser Kunde", „Mit einem solchen Wagen werden Sie in Ihrem Bekanntenkreis bestimmt sehr positiv auffallen", so könnten die Motivationsbotschaften aussehen, mit denen ein Verkäufer einen Kunden versorgt, für den die soziale Anerkennung eine wichtige Rolle spielt.

Der Kunde strebt nach Sicherheit

Auch dieses Bedürfnis ist auf das soziale Umfeld bezogen. Während das Bedürfnis nach Anerkennung jedoch durch eine möglichst hohe soziale Position befriedigt wird, wird dem Bedürfnis nach Sicherheit und Geborgenheit durch einen möglichst hohen Grad an Integration in die Gemeinschaft entsprochen. Während das Bedürfnis nach Anerkennung und Respekt durch Exponiertheit befriedigt wird, ist der zweite Bedürfnis- beziehungsweise Motivationstyp eher durch ein anpassendes Verhalten geprägt. Seine Botschaft ist nicht: „Ich bin der erste", sondern: „Ich bin einer von euch".

Der sicherheitsorientierte Kunde will sich in eine bestimmte Gemeinschaft einreihen – hier ist das gruppenkonforme Produkt gefragt.

Die optimale Integration in eine Gemeinschaft gibt diesem Motivationstyp das Gefühl der Geborgenheit. Dies ist ein Bedürfnis, das einer konservativen Grundhaltung entspricht, Geborgenheit will bewahrt werden, jede Veränderung könnte sie gefährden. Produkte, die diesem Motivationstyp zusagen sollen, müssen also zum einen als „gruppenkonform" verkauft werden, zum anderen müssen die „konservativen" Aspekte des Produkts betont werden, wie zum Beispiel Tradition, Solidität und Wertbeständigkeit. „Dieses Fahrrad entspricht unserem schon seit über 50 Jahren bewährten Grundmodell, das wir in sehr respektablen Stückzahlen jedes Jahr verkaufen. Das Design ist zwar etwas zurückhaltend, deshalb ist es aber auch keinen modischen Strömungen unterworfen und behält über lange Zeit seinen Wert." – So könnte ein Verkäufer zum Beispiel diesen Motivationstyp ansprechen.

Der Kunde will vertrauen können

Bei der Befriedigung dieses Bedürfnisses tritt der Verkäufer selbst in den Mittelpunkt. Der Motivationstyp, bei dem dieses Bedürfnis an erster Stelle steht, sucht einen Ansprechpartner, dem er vollständig vertrauen kann, bei dem er sicher sein kann, daß er darum bemüht ist, wirklich das Beste für ihn zu wollen. Völlig in den Hintergrund tritt bei diesem Motivationstyp zum Beipiel die Marke: „Also, das Fahrrad dieser bekannten Marke ist wirklich hervorragend. Ich glaube jedoch, daß für Sie dieses Rad hier weitaus geeigneter ist. Es ist zwar von einem völlig unbekannten kleinen Hersteller, es ist aber hervorragend verarbeitet, so wie Sie es brauchen."

**Einem vertrauensorientierten Kunden gegenüber
tritt der Verkäufer als Berater auf.**

Der Verkäufer ist hier als Ratgeber gefragt und geht sehr subjektiv auf die Bedürfnisse seines Ansprechpartners ein. Dem Vertrauen, das ein Kunde „seinem" Verkäufer entgegenbringt, muß natürlich durch den Verkäufer auch entsprochen werden. Alles andere wäre nicht nur moralisch verwerflich und unseriös, sondern würde langfristige Geschäftsbeziehungen unmöglich machen. Ein erfolgreiches Stammkundenmanagement baut immer auf einem intensiven Vertrauensverhältnis auf.

Der Kunde will werteorientiert kaufen

Kein Verkäufer auf der Welt wird es schaffen, Brigitte Bardot einen Robbenpelzmantel zu verkaufen. Die engagierte Tierschützerin würde einen solchen Versuch mit Sicherheit schon im Keim ersticken. Zu ihren Grundwerten gehört der Tierschutz, sie würde durch den Kauf eines Pelzmantels also ihren eigenen Normen und Werten, ihrem eigenen Gewissen widersprechen. Auch hier spielt wieder unser Selbstbild eine wichtige Rolle. Das Selbstbild eines jeden Menschen ist durch bestimmte oberste Normen und Werte geprägt, und es ist eine elementare Eigenschaft des Menschen, immer diesem Selbstbild entsprechen zu wollen. Tun wir dies nicht, plagt uns eben ein schlechtes Gewissen.

**Der neue Verkäufer muß die „Wertetrends"
kennen, die seine Kundensegmente bestimmen.**

Hervorragende Verkäufer orientieren sich deshalb bei ihrer Verkaufsargumentation immer an den Werten und Normen, die für bestimmte Kundengruppen aktuell maßgeblich sind. Ein entsprechender Megatrend ist zum Beispiel der Umweltschutz. „Unser Waschmittel enthält ausschließlich biologisch abbaubare Substanzen", „Alle Bestandteile unserer Automobile sind vollständig recycelbar". Ein Verkäufer, der Produktmerkmale mit entsprechenden Normen in Verbindung bringt, spricht exakt das Bedürfnis nach Wertkonformität an. Bei aktuellen „Megawerten" kann kaum etwas falsch gemacht werden, aber darüber hinaus verfügt natürlich jeder Kunde auch über einen individuellen Wertekanon, der meist nur in einem intensiven und einfühlsamen Gespräch ermittelt werden kann.

Der Kunde strebt nach Selbständigkeit

Jeder von uns möchte sein Leben mehr oder weniger selbst bestimmen. Selbständigkeit und Unabhängigkeit sind in unserer Gesellschaft sehr angesehene Werte. Viele Unternehmen haben in ihren Werbebotschaften diesen Motivator bereits berücksichtig. So verspricht eine Bausparkasse, daß man im Eigenheim endlich machen kann, was man will, ohne daß man in seiner Freiheit durch die bösen Nachbarn gestört wird. Ein Automobilhersteller versichert, daß man mit seinen Fahrzeugen so ziemlich alles machen kann. Und eine Bank wirbt damit, Freiheit und Unabhängigkeit durch entsprechende Finanzierungsmodelle zu gewährleisten.

Vielleicht fallen Ihnen noch andere Grundbedürfnisse ein, die nicht den bereits genannten zugeordnet werden können. Ich meine aber, daß der Verkäufer der Zukunft bereits hervorragend mit den fünf erwähnten Grundbedürfnissen und den entsprechenden Motivationslagen arbeiten kann – bei einmaligen oder spontanen Kundenkontakten, vor allem aber auch im Stammkundenmanagement und bei der gezielten direkten Ansprache bestimmter Kunden und Kundengruppen. Hier noch einmal die fünf Grundbedürfnisse im Überblick:

- Grundbedürfnis Anerkennung und Respekt
- Grundbedürfnis Sicherheit und Geborgenheit
- Grundbedürfnis Vertrauen und Zuwendung
- Grundbedürfnis Übereinstimmung mit den eigenen Werten
- Grundbedürfnis Selbständigkeit

So motivieren Sie die einzelnen „Typen" richtig

Ein Verkäufer, der auf Anhieb erkennt, zu welchem Motivationstyp sein Ansprechpartner gehört, hat natürlich gute Karten, wenn es darum geht, durch die richtige Argumentationsstrategie oder das angemessene Verhalten einen Abschluß herbeizuführen. Doch die Analyse der Motivationstypen ist eine schwierige Aufgabe. Sie setzt ein hohes Maß an Einfühlungsvermögen, kommunikativer Geschicklichkeit – allgemein an sozialer Kompetenz – und natürlich viel Verkaufserfahrung und Menschenkenntnis voraus.

Aber es gibt auch einige Merkmale, an denen Motivationstypen relativ leicht zu erkennen sind, dazu gehören zum Beispiel die äußere Erscheinung, verbales und nonverbales Verhalten und die private Lebensgestaltung. Alle drei Bereiche sind einem Verkäufer in der Face-to-Face-Interaktion direkt zugänglich, und er sollte sie deshalb unbedingt für seine Kommunikationsstrategie „auswerten".

Im folgenden werden die obengenannten Grundbedürfnisse den entsprechenden äußeren Merkmalen zugeordnet und entsprechende Handlungsempfehlungen für den Verkäfuer daraus abgeleitet. Die einzelnen Motivationstypen sind der Anschaulichkeit wegen dabei etwas pointiert skizziert.

Motivationstyp „Anerkennung und Respekt"

Äußere Erscheinung

Der erste Motivationstyp muß seine soziale Sonderstellung natürlich auch durch seine Kleidung zum Ausdruck bringen. Blasse Hemden und der Anzug aus dem Katalog sind nicht seine Sache. Es muß schon etwas Besonderes sein. Weil sich dieser Motivationstyp exponieren will, wird die Besonderheit der Kleidung auch deutlich signalisiert, entweder durch Extravaganz, durch die farbliche Gestaltung, durch die verwendeten Materialien, auffällige Accessoires oder ein Markenlabel, das „dezent auffällig" von jedem gesehen werden kann. Die Kleidung entspricht insgesamt dem sozialen Umfeld, innerhalb dessen sich der Kunde exponieren will. Eine Chefsekretärin dieses Motivationstyps wird sich deshalb anders kleiden, als ein Szenetyp, der gerne „trendy" aussehen möchte.

Verbales und nonverbales Verhalten

Nicht nur durch seine Kleidung auch durch sein Kommunikationsverhalten signalisiert der erste Motivationstyp seinen „Führungsanspruch". Er verfügt über eine ausgeprägte Mimik und Gestik, die er intensiv einsetzt. Seine Äußerungen sind sehr stark selbstbezogen: „Ich finde ...", „Ich meine ...", „Meiner Ansicht nach ..." sind Redeelemente, die er regelmäßig verwendet. Außerdem neigt dieser Motivationstyp zur Verwendung stark expressiver und bildhafter Ausdrücke, wie zum Beispiel: „ ... meine alte Kiste war ein wirklich starkes Gefährt, ich kam mir auf schnellen Strecken vor wie Schumi in seinem Formel1-Boliden." Die Extravaganz der Kleidung findet ihre Entsprechung in einer extravaganten Wortwahl und Ausdrucksweise. Seinen Gesprächspartner versucht dieser Motivationstyp zum Beipiel auch durch die Lautsärke seiner Äußerung zu beeindrucken, die in der Regel eine Spur über dem normal Üblichen liegt. Die Intonation ist lebhaft, die Inhalte, die ihm besonders wichtig erscheinen, werden durch Akzentuierung noch einmal stärker hervorgehoben.

Freizeitverhalten

Kaum ein Verkäufer muß diesen Motivationstyp lange nach seiner Freizeit und seinen Hobbys fragen, denn ihm dienen seine Freizeitaktivitäten zur Profilierung, weshalb er bereitwillig und ausführlich darüber berichten wird. Auch in diesem Bereich will der nach sozialem Prestige Strebende, wie er meint, an der Spitze sein. Man findet ihn also weniger in einem Volkshochschulkurs zum Thema „Aquarellieren für Anfänger", sondern eher im exklusivsten Tennisclub der Stadt und da womöglich noch im Vorstand. Wenn dieser Motivationstyp auch nicht der klassische „Vereinsmeier" ist, ist er doch häufig Mitglied in diversen Clubs, Verbänden oder ähnlichen Vereinigungen, die natürlich immer exklusiv sein und ihn mit einem exponierten Posten versehen müssen.

> *So verhalten Sie sich als Verkäufer:* Der modisch gekleidete Kunde, der Ihnen lebhaft gestikulierend von seiner „original gestylten" Villa in der Toskana erzählt, erwartet von Ihnen ein Angebot, das ihm hilft, seinen sozialen Status weiter auszubauen. Als kompetenter Verkäufer erkennen Sie diese Motivationslage und unterbreiten ihm ein „Exklusiv-Angebot", wobei Sie ihm deutlich vor Augen führen, wie er damit auf der Prestigeskala weiter nach oben rutscht. Verzichten Sie unter allen Umständen darauf, den auf Anerkennung zielenden Kunden in irgendeiner Weise unter Druck zu setzen. Vermitteln Sie ihm das Gefühl, seine Kaufentscheidung frei treffen zu können. Seiner Vorstellung von seinem Platz im sozialen Ranking würde es einfach zuwiderlaufen, wenn er sich manipuliert fühlen würde.

Motivationstyp „Sicherheit und Geborgenheit"

Äußere Erscheinung

Schon der bloße Gedanke an gestylte Designerklamotten treibt diesem Motivationstyp den Angstschweiß auf die Stirn. Seine Kleiderordnung folgt der Leitlinie „solide und konservativ", in seinem Kleiderschrank hängen Jacketts, die garantiert nicht der Gefahr ausgesetzt sind, mit irgendeinem Modetrend in Verbindung gebracht zu werden. Daneben sind Hosen zu finden, die mühelos drei verschiedenen Generationen zugeordnet werden können, und Schuhwerk (nicht Schuhe), das mühelos auch zum Wandern im leichten Gebirge geeignet wäre, und die Krawatten dieses Motivationstyps scheinen durch ihre dezente Farbgebung eher der Tarnung zu dienen als des Schmucks.

Verbales und nonverbales Verhalten

Während der erste Motivationstyp versucht, durch „wildes" Gestikulieren die Aufmerksamkeit auf sich zu lenken, scheint der nach Sicherheit strebende Typ eher darum bemüht, eine distanzierende Haltung einzunehmen. Typisch hierfür sind die übereinandergeschlagenen Arme und eine etwas „gedücktere" Körperhaltung. So wie sich dieser Motivationstyp hinter seinen Armen zu verstecken sucht, so verbirgt er sich auch hinter allgemeinen beziehungsweise generellen Aussagen. „Man fährt gerne mal an den Bodensee", ist eine typische Äußerung dieses Motivationstyps, der das Wort „ich", das beim ersten Motivationstyp so beliebt ist, meidet. Der Gesprächspartner weiß oft nicht sofort, ob der andere jetzt eine Aussage über sich selbst gemacht hat, oder ob er nur ein allgemeines Statement abgegeben hat. Beispielhaft für den Sicherheitstyp sind auch relativierende Aussagen beziehungsweise das Bestreben, einen eigenen definitiven Standpunkt zu vermeiden. „Natürlich bin ich grundsätzlich gegen Atommülltransporte, aber wo soll man denn hin mit dem ganzen Abfall?" Jemand, der keinen Standpunkt vertritt, kann auch nicht angegriffen werden. Wenn der Sicherheitstyp doch einmal eine definitive Meinung formuliert, entspricht die – mit Sicherheit – der allgemein akzeptierten Grundhaltung.

Freizeitverhalten

Den ersten und den zweiten Motivationstyp wird man kaum bei den gleichen Freizeitaktivitäten antreffen. Hochseeangeln und Extrembergsteigen sind dem Sicherheitstyp genauso fremd wie dem durchschnittlichen Schweizer Bergbauern die Geheimnisse tibetanischer Gebetsrituale. Dafür ist er sehr wohl gerngesehenes Mitglied von Briefmarken- und Münzsammlervereinigungen, eventuell Kassenwart im örtlichen Kleintierzüchterverein, mit Sicherheit aber leidenschaftlicher Gartenfreund, wobei das Adjektiv „leidenschaftlich" im engen Rahmen seines Temperamentes zu verstehen ist.

■ *So verhalten Sie sich als Verkäufer:* Weil dem zweiten Motivationstyp Sicherheit alles bedeutet, sollte sich ein Verkäufer mit ihm auch immer auf dem festen Boden des Konkreten bewegen. Fakten, Zahlen, Informationen kommen seinem Sicherheitsstreben sehr entgegen, weil sie ihm Durchblick und Transparenz verschaffen. Je mehr er über ein Produkt weiß, desto vertrauter ist es ihm. Als Verkäufer können Sie also diesem Motivationstyp getrost Produktdaten bis ins letzte Detail herunterbeten. Sie sollten jedoch stets vermeiden, das Wort „neu" beziehungsweise „innovativ" in den Mund zu nehmen. Bieten Sie diesem Kundentyp stets etwas an, das ihm die Sicherheit des Altbewährten bietet. Innovative Produkte können Sie an den Sicherheitstyp höchstens dann verkaufen, wenn Sie auf die gründliche und intensive Forschungsarbeit hinweisen, die dazu diente, eine traditionsreiche Produktlinie noch etwas zu verbessern. Dem Sicherheitsstreben dieses Kundentyps können Sie natürlich auch durch einen hervorragenden Kundendienst entsprechen und durch

Qualitätszertifikate, die Sie bei einem Verkaufsgespräch am besten immer gleich zur Hand haben sollten. Einen sicherheitsorientierten Motivationstyp können Sie auch durch Testimonials angesehener Personen oder Persönlichkeiten gewinnen, die schriftlich und glaubhaft versichern, nie ein anderes Produkt, als das aus Ihrem Haus, verwenden zu wollen.

Motivationstyp „Vertrauen und Zuwendung"

Äußere Erscheinung

Der dritte Motivationstyp legt wie der zweite Wert auf konservative Kleidung, ist jedoch in der Regel eine Spur legerer gekleidet, nicht ganz so bieder, nicht ganz so konventionell. Männer dieses Typs tragen gerne auch einmal eine etwas ausgebeultere Cordhose, die der zweite Motivationstyp schon der Altkleidersammlung des Roten Kreuzes anvertraut hätte. Frauen, die vertrauens- und zuwendungsorientiert sind, tendieren in der Regel zu verspielteren Outfits, wie zum Beispiel einer Bluse mit Rüschenkragen oder einer Bluse mit applizierten Bärchen, die eine Vertreterin des ersten Motivationstyps nicht einmal als Nachthemd anziehen würde.

Verbales und nonverbales Verhalten

Der Vertrauens- und Zuwendungstyp signalisiert im allgemeinen eine gewisse Hilflosigkeit, um so die Zuwendung des anderen zu erlangen. „Ich kenne mich da überhaupt nicht aus", ist eine typische Redewendung dieses Typs, die meistens fortgesetzt wird mit der Schilderung aller möglichen Probleme aus dem beruflichen und dem privaten Bereich mit der impliziten Aufforderung an den Verkäufer, bei der Lösung mindestens der Hälfte dieser Probleme behilflich zu sein. Das Temperament seines Vortrags liegt zwischen der Dynamik des extravaganten Kommunikationsstils des ersten Motivationstyps und der etwas gehemmten Redeweise des zweiten. Relativ ruhig und gelassen, gibt er sich vertrauensvoll in die Hand seines Gesprächspartners.

Freizeitverhalten

Der Vertrauens- und Zuwendungstyp ist stets auf positives Feedback seiner Umwelt angewiesen, und das glaubt er am besten durch die Mitgliedschaft in karitativen Einrichtungen zu erhalten (hinter deren Zielen er natürlich voll und ganz steht). Die Stammkneipe oder der traute Kreis der Familie sind die „Biotope", an denen er sich am wohlsten fühlt, wo er die meisten Ansprechpartner hat, denen er vertrauen kann.

> *So verhalten Sie sich als Verkäufer:* Der Verkäufer sollte sich diesem Kundentyp als Freund, Berater und Problem-Solver nähern, und er sollte diese Rolle auch wirklich ernst nehmen. Widmen Sie diesem Kundentyp immer ausreichend Zeit, denn Sie werden nicht umhin kommen, auch ausgiebig über private Themen zu sprechen. Überhaupt sollte das Verkaufsgespräch so persönlich wie möglich gestaltet sein. Auch wichtig: Widmen Sie sich ausgiebig eventuell geäußerter Kritik an Ihrem Angebot. Signalisieren Sie gerade diesem Motivationstyp, daß Sie seine Bedenken ernst nehmen. Genauso ernst und sachlich sollten Sie dann auch seine Kritikpunkte entkräften. Einwänden sollte dabei immer in bezug auf das Sicherheitsbestreben des Ansprechpartners begegnet werden.

Motivationstyp „Werteorientierung"

Äußere Erscheinung

Jeder, der stets auf die Einhaltung selbstgesetzter Normen und Werte achtet, legt auch sonst Wert auf sein Auftreten und seine Erscheinung. Das Outfit dieses Motivationstyps ist deshalb korrekt bis pedantisch, was jedoch nicht bedeutet, daß er immer auch gleich konservativ sein muß. Die Korrektheit bezieht sich vielmehr darauf, daß ein bestimmter Stil bis zur letzten Konsequenz realisiert wird. Diesen Motivationstyp findet man also im dunklen Zweireiher genauso wie im traditionellen Trachtenlook – auf jeden Fall aber immer gediegen und perfekt.

Verbales und nonverbales Verhalten

Auch in der Ausdrucksweise ist eine gewisse Pedanterie festzustellen. Aussagen werden stets ausformuliert, Gedanken stets zu Ende gedacht. Zu unklaren Aussagen läßt sich dieser Motivationstyp nicht hinreißen. Gestik und Mimik dieses vierten Motivationstyps sind offen, aber überlegt, dabei wirken sie oft etwas gezwungen.

Freizeitverhalten

Je nachdem, wes Geistes Kind der wertorientierte Motivationstyp ist, findet man ihn in der Ortsgruppe irgendeiner politischen Partei, in einer Aktionsgruppe von Greenpeace oder in einer Bürgerinitiative.

> *So verhalten Sie sich als Verkäufer:* Sie haben leichtes Spiel, wenn Sie diesem Motivationstyp deutlich machen können, daß seine Werte und Normen und die Eigenschaften Ihres Produktes in wunderbarer Weise harmonieren: „Für unsere Küchen mußte kein einziger Tropenbaum gefällt werden", „Natürlich sind unsere Automobile extrem schadstoffarm", so oder so ähnlich könnte Ihre Argumentation gegenüber werteorientierten Kunden aussehen. Sehr schnell haben Sie bei diesem Kundentyp jedoch auch verspielt, wenn irgendeine Eigenschaft Ihrer Produkte im Widerspruch zu seinem Wertekanon steht: „Sind Ihre Fertighäuser vollständig aus umweltfreundlichen Komponenten hergestellt?" Können Sie diese Frage nicht sofort und überzeugend mit einem „Ja, natürlich, das ist unsere Philosophie!" beantworten, geht Ihnen mit Sicherheit ein Geschäft durch die Lappen.

Motivationstyp „Selbständigkeit"

Äußere Erscheinung

Der nach Selbständigkeit trachtende Motivationstyp steht über dem Diktat aktueller modischer Strömungen. Sein Erscheinungsbild ist meistens durch eine lässige Individualität geprägt. Nicht selten werden dabei verschiedene Stilelemente gemischt und zum Beispiel ein Trachtenjanker zu Bluejeans und Turnschuhen oder bei Frauen ein kurzer Rock zu einer schweren Motoradlederjacke getragen. Die individuelle Erscheinung geht dabei jedoch nie soweit, daß sie aufdringlich oder überzogen wirkt, es ist einfach eine gewisse Unkonventionalität und Lockerheit zu spüren.

Verbales und nonverbales Verhalten

Auch das Kommunikationsverhalten ist in der Regel eher unkonventionell. Unkonventionell kann jemand aber nur dann bewußt sein, wenn er die Konventionen sehr wohl kennt, und so kann es auch sein, daß ein Gespräch mit diesem Motivationstyp durchaus sachlich und förmlich verläuft.

- *So verhalten Sie sich als Verkäufer:* Bei diesem Kunden hat der Verkäufer das große Glück, einfach so sein zu können, wie er gerade möchte, der an Unabhängigkeit und Selbstbestimmung orientierte Motivationstyp schätzt ein „ehrliches" Verhalten geradezu. Auch sonst ist er relativ pflegeleicht. Seine Selbständigkeit sieht er dann am besten gewahrt, wenn er weitestgehend nur mit Sachinformationen versorgt wird, mit deren Hilfe er sich vom Nutzenpotential, das für ihn mit einem bestimmten Produkt verbunden ist, selbst ein Bild machen kann.

Um Ihre Produkte und Dienstleistungen immer kundenindividuell und den Motivationstypen entsprechend an den Mann beziehungsweise an die Frau bringen zu können, möchte ich Sie jetzt bitten, in das folgende Formular zu jedem Motivationstyp zu notieren, wie Sie sich jeweils verhalten würden. Meine entsprechenden Ausführungen können nur ein grober Leitfaden sein, den Sie jetzt gemäß Ihrem eigenen Charakter, dem Image und der Kultur Ihres Hauses und Ihrer Angebotspalette entsprechend modifizieren sollten. Die entsprechenden Verhaltensweisen können Sie auch mit Kollegen in einem Workshop und in gemeinsamen Rollenspielen erarbeiten.

Bei der Beschäftigung mit den einzelnen Motivationstypen haben wir gesehen, daß uns ein Kunde nicht nur durch seine Worte, also verbal, etwas sagt, sondern genauso durch seine Kleidung, also nonverbal. Mehr über die „Grammatik" der nonverbalen Sprache erfahren Sie im nächsten Kapitel.

Motivationstyp	Ihr Verhalten
Anerkennung und Respekt	✎
Sicherheit und Geborgenheit	✎
Vertrauen und Zuwendung	✎
Werteorientierung	✎
Selbständigkeit	✎

Emotional Talk: Die nonverbale Kommunikation

Das nonverbale Dementi

„Ja, Ihr Angebot ist wirklich hervorragend", lobt Sie Ihr Kunde, aber obwohl er eine längere Lobeshymne anstimmt, die Zusammenarbeit im allgemeinen und Sie im besonderen mit den wertschätzendsten Worten bedenkt, die die deutsche Sprache kennt, haben Sie so ein komisches Gefühl im Bauch. Eine Stimme tief in Ihrem Inneren sagt Ihnen: „Vorsicht, der meint das nicht so, wie er es sagt." Und richtig: Das Ende seiner schmeichelhaften Ausführungen leitet Ihr Kunde dann auch ein, indem er eine 180-Grad-Wendung macht: „ ... und trotzdem, so leid es mir auch tut ... " Ihr Gefühl hat Sie also nicht getäuscht. Doch woher wußten Sie, daß die lobenden Worte lediglich ein taktisches Instrument waren? Hätten Sie Ihren Gesprächspartner während seiner Ausführungen genau beobachtet, hätten Sie feststellen können, daß er hinter seinem Schreibtisch sitzen blieb, während er zu Ihnen sprach, daß seine Stimme etwas zu laut für die Situation war, seine Gesichtszüge relativ angespannt waren und daß er Sie relativ wenig angesehen hat. Sie hätten dann sofort und bewußt bemerkt, daß Ihr Kunde seine verbalen Ausführungen durch nonverbale Signale dementiert hat.

Verkäufer müssen immer auf die nonverbalen Botschaften in Kundengesprächen achten, um die Situation im Griff zu behalten.

Wer in Verkaufsgesprächen oder in Meetings mit Vorgesetzten, Kollegen oder Mitarbeitern sensibel für nonverbale Botschaften ist, kann entsprechend seine eigene Gesprächs- oder Verhaltensstrategie ausrichten. Wer weiß, was der andere wirklich meint, verfügt über mehr

Souveränität, als wenn er der rein verbalen Botschaft Glauben schenkt. Auf der anderen Seite sollten Sie als Verkäufer auch immer darauf achten, daß Sie durch unbewußte nonverbale Signale einem Kunden nicht Einstellungen und Gefühle offenlegen, die Sie lieber für sich behalten möchten. Aufmerksamkeit sich selbst und anderen gegenüber kann man lernen, wobei Ihnen die folgenden Tips helfen sollen.

Der „Kanal" für Einstellungen und Gefühle

Der wohl wichtigste Grund, warum Sie sich als Verkäufer mit nonverbaler Sprache beschäftigen sollten, ist der, daß *Gefühle und Einstellungen* in der Regel nonverbal übermittelt werden. In unserem Kulturkreis ist es geradezu verpönt, seine Gefühle Fremden gegenüber offen auszusprechen. Ein Kunde, auch wenn Sie ihn noch so gut kennen, wird zu Ihnen in den seltensten Fällen sagen: „Ihrem Angebot kann ich noch nicht zustimmen, weil ich allgemein ein ängstlicher Typ bin, außerdem bin ich momentan sehr nervös und konnte deshalb Ihren Ausführungen nicht konzentriert genug folgen." Diese Message müssen Sie schon selbst aus dem Verhalten Ihres Ansprechpartners erschließen. Schwierig wird dies immer dann, wenn sich, wie in unserem einleitenden Beispiel, verbale und nonverbale Aussage widersprechen. Meistens hören wir dann auf die Botschaft der Gefühle, was wahrscheinlich daran liegt, daß der nonverbale Kommunikationskanal der stammesgeschichtlich ältere ist und einfach tiefer sitzt als der verbale Kanal.

Die nonverbalen Botschaften sind meistens deutlicher als die verbalen.

Mit einer kleinen Übung können Sie sich selbst vor Augen führen, daß die Art, wie Sie etwas sagen, meistens entscheidender ist als der oberflächliche Inhalt des Gesagten: Setzen Sie sich in Ihrem üblichen Business-Outfit vor einen Spiegel, und stellen Sie sich vor, Sie stecken mitten in einem wichtigen Verkaufsgespräch und unterbreiten gerade Ihrem Ansprechpartner ein Angebot. Die verbale Botschaft lautet: „Ich werde Ihnen jetzt ein Angebot unterbreiten, das haargenau Ihren Anforderungen entspricht, und zwar zu einem Preis, der um einiges unter Ihren Vorgaben liegt – all das, weil ich mich sehr freuen würde, mit Ihnen ins Geschäft zu kommen." Dementieren Sie diese Sätze, während Sie sie aussprechen, durch Ihre Mimik und Körperhaltung: Runzeln Sie zum Beispiel ein wenig die Stirn, setzen Sie Ihren finstersten Blick auf, halten Sie dabei Ihren Kopf etwas gesenkt, und senken Sie, während Sie sagen, daß Sie sich freuen würden, Ihre Stimme so, also ob Sie Ihre eigene Todesanzeige vorlesen würden. Lassen Sie dabei die Schultern und den Kopf etwas hängen. Bestimmt würden Sie sich jetzt nicht einmal selbst etwas abkaufen wollen.

Verbale und nonverbale Botschaften müssen harmonieren.

Achten Sie also immer darauf, daß Ihren positiven Ausführungen eine nicht minder positive innere Haltung entspricht. Versetzen Sie sich zum Beispiel in eine gute Stimmung, indem Sie die Freude über den gelungen Abschluß einfach schon vorwegnehmen. Stellen Sie sich vor, wie gut sich die entsprechende Provision auf Ihrem Konto machen wird, und denken Sie auch an die Vorteile, die Sie Ihrem Ansprechpartner durch einen Abschluß verschaffen können.

Eine positive Stimmung können Sie auch durch die bewußte Steuerung Ihrer Mimik und Gestik aufbauen. So konnte wissenschaftlich nachgewiesen werden, daß die bloße Nachahmung des Ausdrucks der Verzagtheit oder der Freude durchaus zu einem gewissen Grad genau diese Gefühle auslöst. Also: Kopf hoch (im direkten und im übertragenen Sinn), Schultern etwas nach hinten und der Stimme mehr Power geben.

Außerdem: Zur nonverbalen Kommunikation gehört mehr, als man gemeinhin annimmt. Da wäre zum Beispiel das Büro oder Ambiente eines Arbeitsplatzes. Je nachdem, wie Sie sich einrichten oder wie Sie auch Ihre Verkaufs- oder Präsentationsräume gestalten, drücken Sie etwas über sich und über Ihr Unternehmen aus. Doch nicht nur der Raum auch die Zeit sind Kommunikationsmedien: Wenn Sie einen Kunden zu sich einladen, und er kommt auf die Minute pünktlich, hat das eine andere Signalwirkung, als wenn er eine gute halbe Stunde nach dem vereinbarten Termin eintrudelt: „Ich verfüge über deine Zeit und habe dich warten lassen, ich bin hier der Boß." – So oder so ähnlich kann die Bummelei interpretiert werden, wenn sie ohne einen wichtigen äußeren Anlaß zustande gekommen ist. Außerdem sprechen auch Statussymbole ihre eigene Sprache: Ein dicker Dienstwagen drückt natürlich etwas anderes aus als ein Kleinwagen.

Situationsmanagement ohne Worte

Eine wichtige Funktion der nonverbalen Kommunikation besteht auch darin, Gespräche am Laufen zu halten und Gesprächssituationen zu steuern. Gesprächspartner müssen sich permanent signalisieren, daß sie an einer Fortsetzung des Gesprächs interessiert sind. Fehlen diese Signale oder wird sogar aktiv Desinteresse signalisiert, kann kein zielorientiertes Gespräch zustande kommen. Gefragt ist ein aktives nonverbales Situationsmanagement. Stellen Sie sich beispielsweise vor, Sie legen einem potentiellen Kunden voller Begeisterung ein Modell zukünftiger Zusammenarbeit vor. Dieser jedoch verzieht keine Miene und schaut lieber auf die Uhr oder aus dem Fenster als Ihnen ins Gesicht. Sie werden nicht lange Lust haben, dieses Gespräch fortzusetzen.

Um einem Gesprächspartner Interesse am Gespräch zu signalisieren, sollten Sie die folgenden Punkte berücksichtigen:

- Schauen Sie Ihren Gesprächspartner an: Nichts wirkt so desinteressiert wie ein umherschweifender Blick!
- Wenn Sie ein Gespräch im Stehen führen, sollten Sie darauf achten, daß Sie etwas mehr als eine Armlänge von Ihrem Gesprächspartner entfernt stehen. Eine größere Entfernung signalisiert Aufbruchstimmung oder Distanz. Eine geringere Entfernung bedeutet ein Eindringen in die persönliche Schutzzone.
- Geben Sie durch regelmäßiges Kopfnicken aktives Feedback.
- Wenden Sie Ihren Körper Ihrem Gesprächspartner zu. Auch schon eine kleine Wendung zur Seite kann als eine Orientierung „weg von" der Gesprächssituation interpretiert werden.

Imagemanagement

So seh' ich mich, so seh' ich dich

Ein wichtiger Teil des Situationsmanagements besteht darin, durch die emotionale Sprache nonverbaler Kommunikation sich selbst und dem Gesprächspartner eine bestimmte Rolle oder ein Image zuzuweisen und damit die gegenseitige Beziehung festzulegen. Daß dies keinesfalls die Aufgabe der *verbalen* Kommunikation sein kann, ist klar. Oder können Sie sich vorstellen, einem Ihnen bislang unbekannten Kunden die Hand zu schütteln und zu sagen: „Damit Sie mich sofort richtig einschätzen können, möche ich Ihnen gleich mitteilen, daß ich ein ziemlich sympathischer Mensch bin. Ich verfüge über eine Menge Witz und bin auch ganz schön clever. Zwar bin ich ein harter Verhandlungspartner, doch so umgänglich, daß Geschäftemachen mit mir eine reine Freude ist. Außerdem möchte ich gleich anmerken, daß ich Sie zwar als Gesprächspartner schätze, aber mit Sicherheit der Dominante von uns beiden bin." So unverzeihlich und halsbrecherisch eine solche verbale Einleitung zu einem Gespräch wäre, so üblich ist doch deren Message – jedoch auf nonverbalem Kanal übermittelt.

Obwohl wir nicht so einfach mal sagen können, was wir für ein toller Kerl sind – genauso unüblich ist es, ein negatives Selbstbild zu entwerfen –, ist es doch gerade für Verkäufer wichtig, so schnell wie möglich einen guten Eindruck zu machen, sei es bei der Kaltakquise, bei einem Gespräch mit einem neuen Kunden oder auch bei Verhandlungen in unternehmensinternen Teams, deren Zusammensetzung häufig wechselt und wo deshalb immer wieder das eigene Selbstverständnis signalisiert werden muß.

Bühne frei: Der Verkäufer als Schauspieler

Wenn Sie Ihr eigenes Image festlegen und Ihrer Umwelt vermitteln wollen, verhalten Sie sich, meistens unbewußt, wie ein Schauspieler. Wie dieser schlüpfen Sie in eine bestimmte Rolle, zum Beispiel in die des „jungen und dynamischen Aufsteigers", in die des „umgänglichen, sozial engagierten Teammenschen" oder in die des „besonnenen Beratertyps". Die Ähnlichkeit mit Schauspielern läßt sich zum Beispiel an den folgenden Punkten festmachen:

- *Sprache:* Entsprechend Ihrer Rolle wenden Sie einen bestimmten Wortschatz und einen bestimmten Sprachstil an. Wer sich selbst als lässigen Typ sieht, wird auch eine weitaus lässigere Sprache sprechen als ein anderer, der die Rolle des „korrekten Intellektuellen" übernimmt.
- *Kleidung:* Wie Schauspieler schlüpfen Sie auch jeden Morgen in Ihr „Kostüm". Treten Sie in der Rolle des Gesprächsleiters bei einer Außendiensttagung auf, wählen Sie ein anderes Outfit, als wenn Sie auf eine gesellige Betriebsfeier gehen.

- *Auftreten/Verhalten:* Nicht nur das, was gesagt wird, legt die Charaktere eines Schauspiels fest, sondern auch die Art und Weise, wie diese sich verhalten. Wenn Sie in einer ungezwungenen Runde mit Ihren Kollegen zusammensitzen, verhalten Sie sich bestimmt anders, als wenn Sie zu einem Beurteilungsgespräch bei Ihrem Chef antreten müssen.

Es ließen sich bestimmt noch mehr Parallelen zwischen der Theaterwelt und der Geschäftswelt ziehen. Die aufgeführten Punkte reichen jedoch sicherlich schon aus, um Ihnen zu zeigen, wie wir uns in dem Zusammenspiel mit anderen gleichermaßen selbst definieren, wie wir durch Elemente der verbalen vor allem aber auch der nonverbalen Kommunikation den anderen mitteilen, wie wir selbst uns sehen, welches Selbstverständnis wir von uns haben. Bei der Ein- und Ausübung Ihrer Rollen, ob als Verkäufer in einem Kundengespräch oder als Führungskraft Ihren Mitarbeitern gegenüber, immer sollten Sie zumindest die beiden folgenden Dinge beachten:

- Sie müssen sich immer konsistent verhalten, also widerspruchsfrei und konsequent, sonst verlieren Sie sehr schnell Ihre Glaubwürdigkeit. Wenn Sie, je nach Anlaß, verschiedene Rollen spielen, müssen sich diese immer entsprechen oder zu einem harmonischen Gesamtbild ergänzen. Es spricht nichts dagegen, daß Sie in der einen Situation locker und lustig sind und in der anderen ernst und nüchtern. Sie könnten es sich aber nicht erlauben, auf der einen Seite den Freund Ihrer Mitarbeiter zu spielen, um auf der anderen Seite in irgendeiner Form persönliche Differenzen aufzubauen. Der entstehende Rollenkonflikt wäre nicht auflösbar.

- Die Rollen, die Sie übernehmen, müssen auch immer Ihrem Wesen beziehungsweise Ihrem Charakter entsprechen. Wenn Sie ein durch und durch ruhiger und zurückhaltender Typ sind, können Sie niemanden mit der Rolle des „Hans Dampf in allen Akquisitionsgesprächen" überzeugen. Einen Günter Strack werden Sie niemals in der Rolle des Boxers Rocky erleben.

Diese beiden Anforderungen sorgen dafür, daß wir als konstante und konsistente Persönlichkeit wahrgenommen werden. Eine Erfordernis, die für Verkäufer entscheidend ist, die langfristige und intensive Kundenbeziehungen aufbauen wollen. Ein Kunde, der Sie über einen längeren Zeitraum hinweg mal so und mal so erlebt, wird Ihnen weniger Vertrauen schenken, als wenn er eine gewisse Solidität Ihres Verhaltens bemerken kann.

Außerdem: Jeder von uns spielt auf der Bühne des Geschäftslebens (wie im übrigen Leben übrigens auch) bestimmte Rollen. Diese Rollen entsprechen dabei dem Selbstbild, das wir von uns haben, oder auch einem angestrebten Idealbild. Dieses Selbstbild ist jedoch nicht unsere ureigene Schöpfung, unser sogenanntes soziales Umfeld arbeitet kräftig daran mit. Nehmen wir zum Beispiel einen jungen Verkäufer, der nach seinen ersten „Lehrjahren", in denen er recht erfolgreich war, in ein neues Unternehmen mit neuen Aufgaben wechselt und diesen Job mit dem Selbstbild „absoluter Überflieger" antritt. Entsprechend verhält er sich dann auch seinen Kollegen gegenüber, die jedoch – es sind alles gestandene Verkaufsprofis – etwas andere Vorstellungen von einem Überflieger haben. Sehr schnell signalisieren sie ihrem jungen Kollegen, daß sie sein Selbstbild nicht akzeptieren. Er fällt mit der Aufführung seiner Rolle gewissermaßen durch und muß sein Selbstbild entsprechend des Feedbacks durch seine Kollegen ändern.

Nicht nur Verkäufer tun es: Einschmeicheln

Eine weitere Strategie des Imagemanagements ist das sogenannte Einschmeicheln. Psychologen konnten zeigen, daß wir alle immer wieder solche Einschmeichel-Strategien fahren, die eigentlich nichts

Negatives sind, sondern lediglich der Versuch, sich selbst für den anderen interessanter zu machen. Die folgenden Möglichkeiten sind die beliebtesten Vorgehensweisen, um sich beliebt zu machen. Gezielt in einem Kundengespräch eingesetzt, können sie wahre Wunder wirken:

- *Sie erweisen Ihrem Kunden einen Gefallen:* Schon mit Kleinigkeiten können Sie Ihrem Kunden signalisieren, daß Sie ihn wirklich als Partner betrachten, an dessen Wohl Sie auch außerhalb bestehender Verträge denken. Werten Sie für Ihren wichtigsten Kunden zum Beispiel regelmäßig die einschlägige Fachpresse aus, schulen Sie einen seiner neuen Mitarbeiter kostenlos nach, oder schicken Sie ihm Infomaterial zu einem Geschäftsbereich, in dem Sie selbst nichts mit ihm zu tun haben.

- *Sie bestätigen die Ansichten Ihres Kunden:* Wenn wir uns auch alle als kritische Zeitgenossen verstehen, verfolgen wir – meist unbewußt – auch diese Strategie. Harmonie und positives Feedback werden immer als angenehm empfunden, und ein gemeinsamer Blick auf die Dinge dieser Welt verbindet einfach. Achten Sie aber darauf, daß Sie gerade diese Strategie nicht überstrapazieren. Ein überzogener „Schmusekurs" kann nur zu Unglaubwürdigkeit führen, Ihre eigenen Überzeugungen dürfen Sie natürlich niemals verraten.

- *Sie werten Ihren Kunden auf:* Die Aufwertung des anderen fängt schon bei kleinen Schmeicheleien an, wie „Sie haben es hier aber auch wirklich schön", oder auch „Ich freue mich, Sie endlich auch einmal persönlich kennenzulernen", bis hin zu „Sie sind der leistungsstärkste Kunde mit dem besten Entwicklungspotential, den ich habe, und ich kenne keinen, mit dem ich lieber zusammenarbeiten würde." Auch hier sollten Sie darauf achten, daß Sie ein Lob durch Übertreibung nicht zur bloßen und leicht durchschaubaren Stilfigur verkommen lassen.

- *Sie werten sich selbst und Ihr Unternehmen auf:* Damit Sie selbst neben dem Ansprechpartner bestehen können, den Sie selbst aufgewertet haben, dürfen Sie natürlich auch Ihr eigenes Licht nicht unter den Scheffel stellen, sondern müssen sich positiv präsentieren, also als ebenbürtiger Partner auftreten. Doch auch hier gilt wieder: Vorsicht vor Übertreibung!

Um ein erfolgreiches Imagemanagement zu betreiben, sollten Sie jedoch die folgenden drei Strategien unbedingt meiden:

- *Werten Sie niemals sich selbst ab:* Wer sich selbst abwertet, und wenn auch aus falsch verstandener Bescheidenheit, wertet zwar den anderen auf, nach dem Motto: „Ich bin es eigentlich gar nicht Wert mit einem so exklusiven Unternehmen zu verhandeln." Dem anderen ist dann aber tatsächlich eine Zusammenarbeit mit Ihnen nichts Wert.

- *Werten Sie niemals Ihren Ansprechpartner ab:* Wer den anderen abwertet, wertet zwar sich selbst auf nach dem Motto: „Seien Sie doch froh, daß Sie mit einem so hervorragenden Lieferanten abschließen dürfen." Aber auch das subtilste Vorgehen in dieser Richtung führt unweigerlich ins Abseits.

- *Werten Sie niemals Ihre Mitbewerber ab:* Sie sollten immer nur positiv über sich, aber auch niemals negativ über andere sprechen. Ihre Objektivität wird dabei von vornherein in Frage gestellt. Das einzige, was Sie dabei erreichen, ist ein Eigentor.

Der „konsistente" Kunde

Wie gesagt: Um ein glaubwürdiges Bild von uns zu geben, sollten wir versuchen, so konsistent wie möglich aufzutreten. Und auch uns selbst gegenüber können wir nur dann glaubwürdig sein, wenn wir uns nicht durch inkonsistentes Verhalten widersprechen. Eine konsistente und widerspruchsfreie Persönlichkeit zu sein, ist ein Bedürfnis, das wir – bewußt oder unbewußt – permanent erfüllen wollen. Dasselbe gilt natürlich auch für unsere Kunden, auch sie folgen in der Regel dem Bedürfnis, konsistent zu erscheinen – ein Umstand, der uns das eine oder andere gute Geschäft bescheren kann.

Wenn Sie sich das Bestreben Ihrer Kunden, konsistent zu sein, für einen guten Abschluß zunutze machen wollen, können Sie auf zweierlei Weise vorgehen, wie die beiden folgenden Szenen demonstrieren sollen:

- *Szene 1:* Der Verkäufer Peter S. führt mit einem neuen Kunden, dem Geschäftsführer eines mittelständischen Maschinenbauunternehmens, ein Verkaufsgespräch. Das Angebot, das er seinem Gesprächspartner unterbreiten möchte, ist für diesen zwar vorteilhaft, aber nicht unbedingt „geschenkt", weswegen es wenig ratsam wäre, gleich mit diesem Angebot ins Haus zu fallen. Also bereitet Peter S. zunächst einmal ein kleines und für den Kunden sehr feines Angebot vor, welches dieser dann mit Freuden auch gleich akzeptiert. Eine Woche später schiebt Peter S. dann das Angebot nach, das ihm eigentlich wichtig ist. Der Kunde überlegt kurz und stimmt dann auch diesem zu. Warum? Ganz einfach: Der Kunde ist um konsistentes Verhalten bemüht. Wer einmal etwas akzeptiert hat, akzeptiert viel leichter etwas anderes, dem er vielleicht ohne den Türöffner des ersten Angebots nicht zugestimmt hätte. Natürlich sollte das Streben nach Konsistenz nicht überschätzt werden, es wird niemals so stark sein, daß sich deshalb ein Kunde übervorteilen ließe.

- *Szene 2:* Der Verkäufer Peter S. steht vor derselben Aufgabe. Also bereitet Peter S. zunächst ein Angebot vor, das für diesen Kunden viel zu üppig angelegt ist, so daß dieser ablehnen *muß*. Peter S. hat diese Reaktion eingeplant und legt kurze Zeit später das eigentliche Angebot vor, welches der Kunde dann auch gerne akzeptiert. Warum? Wiederum will sich der Kunde konsistent verhalten. Er tut dies in diesem Falle nicht seinem zuerst gezeigten Verhalten gegenüber, sondern seinem Selbstbild entsprechend, ein guter und kooperativer Geschäftspartner zu sein.

Wenn Sie sich solche oder ähnliche Techniken zunutze machen (die außerdem auch im Endverbraucherbereich angewandt werden können), dürfen Sie dies niemals gegen die Interessen des Kunden tun. Sein Nutzen muß immer auch Ihr oberstes Ziel sein, andernfalls wäre sonst auch die beste Geschäftsbeziehung sehr schnell beendet.

Am Ende dieses Kapitels möchte ich noch einmal betonen, daß es für ein Emotional Selling, für ein Verkaufen mit Herz und Verstand, am wichtigsten ist, offen für sich und sein Gegenüber zu sein. Nur so kann sich eine erfolgreiche Interaktion entwickeln. Bereits zu Beginn dieses Kapitels wurde darauf hingewiesen, daß sich die Interaktionskompetenz des neuen Verkäufers dabei nicht nur im Face-to-Face-Gespräch mit Kunden bewähren muß, sondern ebenso in Teamstrukturen, in denen er sich in Zukunft mehr und mehr engagieren muß. Was es mit dem Team Selling sonst noch auf sich hat, erfahren Sie im nächsten Kapitel.

Kapitel V

Verkäufer im Team

T oll,
e iner
a ußer
m ir ...

... wird´s schon machen. Daß sich hinter dem Wort Team etwas völlig anderes verbirgt, erfahren Sie in diesem Kapitel.

Team Selling

Für den Verkäufer der Zukunft ist das Arbeiten in Teams eine der wesentlichsten Herausforderungen. Zwar mußten die Außendienstmitarbeiter auch früher schon mit dem Innendienst gut zusammenarbeiten, und es war schon immer wichtig für Außendienstverkäufer, mit Kollegen aus anderen Abteilungen erfolgreich kommunizieren zu können.

Verkäufer müssen sich von „Einzelkämpfern" zu „Teamplayern" entwickeln.

Doch die gewandelten Anforderungen, die an Verkäufer gestellt werden, rücken das Team in den Mittelpunkt. In der Charakterisierung der Rahmenbedingungen, die den Aufgabenbereich des Verkäufers der Zukunft prägen werden, hatten wir bereits die wichtigsten genannt: Produkte werden immer komplexer und „schneller", und der Beratungsbedarf auf Kundenseite wächst. Beiden Tendenzen kann kaum mehr von einem Einzelkämpfer entsprochen werden.

Verkäufer müssen sich dabei in verschiedenen Teams bewähren:

- Da sind zum Beispiel die festen Arbeitsteams, die hauptsächlich aus Außen- und Innendienst bestehen.

- Dann wären da noch temporäre Projektteams, die aus Mitarbeitern quer durch die Unternehmensfunktionen zusammengesetzt sind, wenn es zum Beispiel darum geht, ein neu zu entwickelndes Produkt im Markt erfolgreich zu positionieren.

- Als dritter Team-Typ sind die Sales Teams zu nennen, also Teams, die einem Kunden gegenüber als Repräsentanten eines Unternehmens auftreten wie früher der einzelne Verkäufer. Sehr wichtig in diesem Bereich sind die immer stärker gefragten Key-Account-Teams.

▪ Auch auf Kundenseite wird der Verkäufer immer mehr mit Teams konfrontiert, zum Beispiel mit einem Buying-Center, das vor allem die folgenden Vorteile bieten soll: eine stärkere Verhandlungsposition, mehr Kompetenz und das Vermeiden einer engen emotionalen Bindung zwischen einem Einkäufer und einem Verkäufer.

Das erfolgreiche Verhalten in Teams setzt ein hohes Maß an emotionaler Intelligenz voraus, die intrapersonale Intelligenz genauso wie die interpersonale Intelligenz, die sich auf das menschliche Miteinander bezieht, wie wir im vorigen Kapitel gesehen haben. Im folgenden wollen wir sehen, wie dieses sensible System Team funktioniert.

Einer für alle ...

... alle für einen. – Frei nach der Philosophie der „Drei Musketiere" könnte man so den Kern der Teamarbeit beschreiben. Doch was sind eigentlich Teams beziehungsweise Arbeits- oder Projektgruppen? Was unterscheidet ein Team beispielsweise von einer Gruppe von Fahrgästen in einem Omnibus?

Abweichungen sind natürlich möglich, grundsätzlich haben sich jedoch unter anderem die folgenden Merkmale zur Bestimmung von Teams etabliert:

- Teams verfügen über gemeinsame Ziele.
- Teams teilen gemeinsame Werte und Normen.
- In Teams herrscht die direkte Interaktion vor.
- Team-Mitglieder werden durch ein Wir-Gefühl miteinander verbunden.

Gemeinsame Ziele, gemeinsame Werte, gemeinsame Normen

Teams im Verkaufsbereich werden, wie Teamarbeit überhaupt, unter anderem deshalb eingeführt, um dem Unternehmen ein möglichst schnelles und flexibles Handeln zu erlauben. Dazu ist es unbedingt notwendig, daß die Teams nicht in bürokratische Entscheidungsprozesse eingebunden sind, sondern daß sie über ein relativ hohes Maß an Entscheidungskompetenz verfügen. Arbeitsteams, wenn sie effektiv und effizient handeln sollen, müssen also über genügend Freiraum verfügen. Damit diese Freiheit jedoch nicht dazu führt, daß die Teams vom Unternehmensganzen abdriften, müssen sie in das Zielsystem des Unternehmens eingebunden werden.

Ziele sichern zum einen die Schlagkraft von Teams, zum anderen deren Einbindung in die allgemeine Unternehmensführung.

Die Ziele einzelner Teams müssen sich immer aus den Zielen des gesamten Unternehmens ableiten. Diese Ziele sind der Kompaß, nach dem sich die Teams ausrichten, gemeinsame Ziele sind die Voraussetzung, daß sich Teams als Einheit in eine bestimmte Richtung bewegen. In Unternehmen, die sich so richtig der Teamarbeit verschrieben haben, steht das Management vor der Aufgabe, einen „Sack Flöhe zu hüten". Aber genauso, wie Flöhe am Ausreißen gehindert werden können, können auch Teams durch geschickte Strategien auf einheitliche Ziele festgelegt werden:

- Die Ziele, die vorgegeben werden, müssen motivieren können. Sie müssen eine große Herausforderung für das Team darstellen, die jedoch beim Einsatz aller Kräfte gemeistert werden kann.

- Weil Motivation und Moneten für viele unmittelbar zusammenhängen, wirkt auch ein ausgetüfteltes Anreizsystem oft wahre Wunder. Für Teams gilt es dabei natürlich, Teamprovisionen in Aussicht zu stellen, die jeden einzelnen dazu motivieren, sowohl für sich selbst als auch für seine Teampartner an einen möglichst großen „Topf" zu kommen.

- Über den Grad, in welchem Umfang Ziele bereits erreicht sind, sollten die Teammitglieder ständig auf dem laufenden gehalten werden, die Früchte der Arbeit müssen immer deutlich sichtbar sein.

- Die Teammitglieder müssen unbedingt an der Formulierung der Ziele beteiligt sein. Nur auf diesem Wege kann eine Identifikation mit dem, was erreicht werden soll, sichergestellt werden.

Ein weiterer Stabilitätsfaktor sind die Normen und Werte, die innerhalb eines Teams herrschen. Wenn diese in der Regel auch nicht ausformuliert sind wie die Ziele, sorgen sie doch für ein in gewissem Rahmen standardisiertes Verhalten. „Wir in unserem Sales Team gehen immer freundschaftlich und offen miteinander um." – Ein solcher Verhaltensleitsatz gibt zwar Sicherheit, er kann aber auch zu Konflikten führen, wenn ein Teammitglied aus einer schlechten Laune heraus diesen Verhaltensstandard nicht einhält. Brummiges Verhalten ist ohnehin schon wenig angenehm, wenn es jedoch gegen ein ungeschriebenes Teamgesetz verstößt, stellt es in gewisser Hinsicht auch das Team in Frage!

Von Angesicht zu Angesicht

Ein Merkmal, das allgemein für die Definition von Teams herangezogen wird, ist die Face-to-Face-Interaktion der Teammitglieder beziehungsweise deren physische Nähe. Mir scheint diese Ansicht etwas zu eng zu sein, vor allem auch in Hinblick auf die Möglichkeiten, die die moderne Kommunikationstechnologie bietet. Ein Team kann meiner Meinung nach auch aus Personen zusammengesetzt sein, die Hunderte oder sogar Tausende von Kilometern voneinander getrennt sind, jedoch verbunden durch Rechnersysteme, mit deren Hilfe sie problemlos miteinander kommunizieren und Daten austauschen können.

> „Face-to-Face-Interaktion" kann auch
> über Tausende von Kilometern ablaufen.

Der aktuelle State of the Art erlaubt sogar schon Teleconferencing-Systeme, bei denen mit Hilfe von Kameras und Mikrophonen, Face-to-Face-Situationen simuliert werden können. Der Vorteil von Long-Distance-Teams, die informationstechnologisch miteinander verbunden sind, besteht darin, daß ein Team rund um die Uhr arbeiten kann, wenn die Teammitglieder über verschiedene Zeitzonen verteilt sind.

Im Bereich der Software-Entwicklung werden entsprechende Projekte bereits mit großem Erfolg durchgeführt: Der eine Programmierer schickt am Ende seines Arbeitstages die von ihm entwickelten Programmpakete um den Globus und liegt bereits in tiefem Schlummer, wenn sein Teampartner nach dem Frühstück seinen Rechner anwirft, um die Arbeit fortzusetzen. Auch im Sales-Bereich sind ähnliche Vorgehensweisen denkbar, wenn zum Beispiel Marketing, Produktion und Entwicklungsabteilung eines Unternehmens über den ganzen Erdball verstreut sind.

„We are the Champions" –
Die Phasen des Team-Building

„We are the champions" muß zwar nicht unbedingt das permanente Selbstverständnis einer Gruppe sein, wichtig ist jedoch, daß jedes Team ein positives Bild von sich selbst hat, daß die Mitglieder sich als Team wahrnehmen. Dieses Wir-Gefühl sorgt für Zusammenhalt. Dieses Wir-Gefühl fällt jedoch nicht vom Himmel, sondern ist das Ergebnis eines Prozesses, der in der Regel in vier Phasen verläuft:

Zusammensetzen

In dieser ersten Phase werden die Teammitglieder „zusammengewürfelt". Ein Verkäufer findet sich neben einem Marketingmitarbeiter, einem Bekannten aus der Produktion, zwei „Forschern und Entwicklern" und einer Kollegin aus dem Management. In dieser Phase besteht noch Unsicherheit, „wer mit wem kann" und welche Verhaltensnormen angesagt sind. Entweder wird in dieser Phase heftig experimentiert oder ein Team-Leader bestimmt, der das Ruder gleich mal in die Hand nehmen soll.

Sturm und Drang

Nachdem sich alle ein wenig beschnuppert haben, werden Konflikte offen ausgesprochen. Nahezu klassisch sind dabei die unterschiedlichen Vorstellungen von Kollegen aus dem Bereich Forschung und Entwicklung und Verkäufern beziehungsweise Marketingmitarbeitern.

Konsolidierung

Das Commitment gegenüber einem gemeinsamen Ziel zwingt jedoch auch dazu, Gemeinsamkeit herzustellen. In der dritten Phase werden deshalb bestehende Konflikte soweit wie möglich abgebaut. Langsam entsteht das Zusammengehörigkeitsgefühl und damit eine Atmosphäre der Offenheit.

Teams at Work

Jetzt ist das Team ein Team. Konflikte sind weitgehend gelöst, und jeder einzelne weiß, welchen Platz er hat und was genau sein Job ist. Die Energie, die zuvor in die Team-Entwicklung gesteckt wurde, ist jetzt frei für die Bewältigung anstehender Aufgaben. Diese vier Phasen führen zu dem, was in der soziologischen Gruppenforschung als *Kohäsion* bezeichnet wird, zum *Zusammenhalt* des Teams. Jeder einzelne sollte sich um den Erhalt dieser Kohäsion bemühen, der Team-Verkäufer darf sich deshalb nicht als Einzelkämpfer aufführen, dem es eigentlich doch wieder nur um das Erreichen individueller Ziele geht. Gefragt ist der richtige Teamgeist, die Identifikation mit der Gruppe, was natürlich nicht heißen soll, daß ein Verkäufer, wenn er in ein Team integriert wird, seine Individualität und Eigenständigkeit aufgeben soll.

Warum der Trend zum Team?

Das Wort „Teamwork" ist in aller Munde. Doch woher kommt die Karriere dieses Konzepts, was macht Teams so erfolgreich? Warum werden gerade für den Verkaufsbereich so große Erwartungen an Arbeitsteams geknüpft? Das Nutzenpotential ergibt sich vor allem aus den folgenden Faktoren.

Stabilität durch soziales Umfeld

Mitarbeiter, die in Teams arbeiten, tun dies in einem engen sozialen Umfeld. Teamwork schweißt zusammen. Besonders wichtig für Neulinge: Sie stehen nicht einer relativ anonymen Abteilungsstruktur gegenüber, sondern haben sofort direkten Kontakt mit ihren Kollegen. („Tele-Teams" nehmen hier natürlich eine Ausnahmestellung ein.)

Leistungsplus

Teams schaffen mehr als eine zahlenmäßig genauso starke Truppe an Einzelkämpfern. Ein Team aus fünf Verkäufern kann viel flexibler ein bestimmtes Gebiet managen als fünf Solisten, die sich auch noch gegenseitig Kunden abspenstig machen möchten. Außerdem: Sozialpsychologische Untersuchungen konnten zeigen, daß die Leistung eines einzelnen schon durch die bloße Anwesenheit anderer gesteigert wird. Die Motivation jedes einzelnen, ein gestecktes Ziel zu erreichen, wird also durch die Teamstruktur erhöht.

Gebündelte Fähigkeiten

Bilden von Leistungspools

Teams sollten immer der Aufgabe entsprechend zusammengestellt werden. Die Fähigkeiten der einzelnen ergänzen sich so zu einem starken Leistungspool. Gerade für Verkaufsteams liegt hier ein Erfolgsfaktor ersten Ranges: Weil Produkte, Dienst- und Serviceleistungen immer komplexer werden, weil Verkaufen immer mehr ein gutes Stück Unternehmenberatung wird, bei dem die unterschiedlichsten Kenntnisse gefragt sind, ist der einzelne Verkäufer, wie bereits mehrfach deutlich wurde, oft schlichtweg überfordert. Erst das Team bringt die volle Power. Dieser Vorteil kommt vor allem dann zum Tragen, wenn bestimme Leistungspakete gezielt auf einen bestimmten Kundenbedarf zugeschnitten werden sollen, wenn komplexe Produkte und Leistungen verkauft werden sollen, die es noch gar nicht gibt.

Hot-Akquisition-Groups

Ein typisches Beispiel für die Bündelung von Fähigkeiten sind die „Hot-Akquisition-Groups", das sind Teams, mit denen Sie einen Markt so richtig aufrollen können. Diese Verkaufsteams tragen nicht umsonst das Wort „hot" in ihrem Namen, denn sie sind tatsächlich „heiß" darauf, neue Kunden oder neue Projekte an Land zu ziehen. Im Mittelpunkt dieser Teams steht der Verkaufserfolg, und der wird mit Leidenschaft angegangen. Das Ziel dieser Teams ist es, wo immer im Vertrieb die Geschäfte aus dem Ruder laufen, mit voller Kraft loszulegen. Sie können aber noch viel mehr, so zum Beispiel die Besetzung kleiner, lukrativer Marktnischen mit High-speed oder die

Reaktivierung neuer Kunden und natürlich auch die professionelle Erledigung aller Akquisitions-Jobs.

Die Hot-Akquisition-Groups sind in der Regel mit Team-Workern aus den folgenden Bereichen zusammengesetzt:

- Verkaufsaußendienst
- Verkaufsinnendienst
- Telefon-Akquisiteure
- Kundendienst oder technischer Support nach Bedarf

Probleme? – Nicht für gute Teams

Als einzelner verbeißt man sich ganz gerne in Probleme und sieht sie nur aus einer bestimmten Perspektive. Nicht so im Team: Im Idealfall gibt es so viele Ideen, wie man einem bestimmten Problem auf den Leib rücken kann, wie es Teammitglieder gibt. Eine Gruppe verfügt ganz einfach über ein viel breiteres Wissensspektrum, mit dem Probleme angegangen werden können, als ein einzelner. Die Vielfalt an Kenntnissen und auch an Meinungen birgt jedoch auch ein ordentliches Konfliktpotential, wenn unterschiedliche Auffassungen nicht ausgeglichen werden können. Wenn Ihr Team zum Beispiel das Problem zu lösen hat, ein Produkt auf den Markt zuzuschneiden und eine Verkaufsstrategie zu entwickeln, werden Sie als Verkäufer darauf drängen, die sogenannte Time-to-Market möglichst gering zu halten, damit Ihnen ein Mitbewerber nicht die besten Abschlüsse vor der Nase wegschnappt. Ihr Teampartner aus dem F&E-Bereich will für sich jedoch eine möglichst lange Produktentwicklungszeit rausschlagen: „Ich muß ja schließlich zu dem Ergebnis stehen können." Probleme, die zu Zielkonflikten führen, sind oft wirklich ein Problem und müssen meistens durch eine höhere Instanz geschlichtet werden.

Fit durch Feedback

In einem Team erhalten wir ein sehr viel intensiveres Feedback zu unseren Leistungen und unserem Verhalten als in herkömmlichen Arbeitsstrukturen. Wir lernen daher sehr schnell und intensiv, wo wir selbst stehen, wo wir uns noch verbessern müssen und wo unsere Entwicklungspotentiale liegen.

Geborgenheit in der Gruppe

Nicht zu unterschätzen ist auch die soziale Sicherheit, die eine Gruppe bietet. Jeder von uns, auch der härteste Guerilla-Verkäufer an der Verkaufsfront, hat das Bedürfnis nach Nähe und Sicherheit. Intensive soziale Kontakte gehören zu den elementaren Bedürfnissen des Menschen. Ein Team wird so zu einem sozialen Netz, das den Verkäufer, der nach einer harten und erfolglosen Akquisitionstour zurückkommt, auffängt. Diese Sicherheit bietet das Team jedoch nicht nur gegenüber der Außenwelt, auch gegenüber dem unternehmensinternen Machtgefüge bietet es Schutz. Ein Außendienstmitarbeiter, der fest in ein gut funktionierendes Team integriert ist, das zu ihm steht, kann nach ein paar erfolglosen Monaten sehr viel schwerer von einem Vorgesetzten „abgesägt" werden als ein einsamer Außendienstler, der kaum engere soziale Bindungen im Unternehmen hat.

Ich sehe was, das du nicht siehst

Verkäufer in dynamischen Märkten werden mit rapiden Änderungsprozessen konfrontiert. Märkte driften ab, Mitbewerber wechseln permanent ihre Strategien, Kunden verhalten sich wie das sprichwörtliche Fähnlein im Wind. Die Informationsflut, die aufgenommen und analysiert werden muß, ist somit immens, die Wahrnehmungsfähigkeit eines einzelnen schlichtweg überfordert. Nach dem Motto: „Vier Augen sehen mehr als zwei", steigt auch das Maß an Umwelteindrücken pro „Informationsverarbeitungseinheit". Während diese bislang durch den einzelnen Verkäufer repräsentiert wurde, besteht sie jetzt aus diskussionsfreudigen Teams, die ihre Wahrnehmungen aus der Unternehmensumwelt miteinander besprechen und bewerten können.

Die Tücken von Teamwork

Wie alles im Leben bietet auch das Teamwork nicht nur Chancen, sondern auch Gefahren, die jedoch leicht gemeistert werden können.

Das Team als Insel

So ist zum Beispiel der Zusammenhalt der Gruppe, die Kohäsion, die eigentlich ein Plus darstellt, nicht ganz ohne Risiko. Teams, die durch einen starken Zusammenhalt geprägt sind, verhalten sich beispielsweise bei Veränderungsprozessen so, wie Individuen sich meistens verhalten: Sie sperren sich. Das Team sieht sich als eine Art Insel im wilden Wellengang der Veränderungsmaßnahmen. Die Funktion der Teamarbeit, unternehmerische Flexibilität zu sichern, wird in diesem Falle also sabotiert.

- Also: Immer die Perspektive auf das Team, genauso aber auch die Perspektive auf das Unternehmen wahren.

Team-Zwang

Wenn das Wir-Gefühl zu stark ist, kann dies auch einen negativen Einfluß auf die Konfliktkultur haben. „Harmonie geht vor Streit", lautet dann die Parole, was aber leider dazu führen kann, daß alternative Lösungen zu einem Problem, die oft erst in Kontroversen entstehen, nicht Bestandteil des Problemlösungspotentials der Gruppe werden. Der erstbeste Vorschlag wird dann schnell auch zum allgemein akzeptierten Ansatz, eine eventuell bessere Lösung wird erst gar nicht thematisiert.

- Also: Immer das Bewußtsein wachhalten, daß im Mittelpunkt der Job, die Aufgabe, das Ziel steht und nicht ein falsch verstandener Teamgeist.

Marathon-Diskussionen

„Bei uns wird alles ausdiskutiert" – dieses Statement hört sich zwar ganz gut an, und eine intensive Diskussion ist in manchen Bereichen auch durchaus fruchtbar, oft verstärkt sie ein Problem jedoch, indem sie unnötig viel Zeit kostet. Allzulange Besprechungen lähmen die Handlungsfähigkeit eines Teams.

- Also: Für effektive Entscheidungsprozesse sorgen. So kann in jedem Team ein „primus inter pares" gewählt werden, der das Recht – und die Pflicht – hat, Entscheidungsprozesse nötigenfalls abzukürzen. Es können aber auch demokratische Entscheidungsprozesse festgelegt werden. Sobald in einer Diskussion deutlich wird, daß keine weiteren Alternativen vorgeschlagen werden, sondern nur noch die aufgestellten angegriffen und verteidigt werden, können alle Ideen auf Zetteln an ein Board gepinnt werden. Jetzt wird abgestimmt, wer welchen Vorschlag favorisiert. Entsprechend des Abstimmungsergebnisses wird dann eine Prioritätenliste der Lösungsvorschläge erstellt. Der von den meisten favorisierte Ansatz wird dann diskutiert mit dem Ziel, einen allgemeinen Konsens herzustellen.

No risk, no fun

Teams sind in der Regel risikofreudiger als Einzelpersonen. Diese Eigenschaft muß zwar nicht unbedingt ein Nachteil sein, kann aber zu einem solchen werden, wenn sich die Teammitglieder dieser Tendenz nicht bewußt sind. Doch warum trauen sich Teams oft mehr zu, als dies ein einzelner vielleicht je tun würde? Ein Faktor, der auf jeden Fall eine Rolle spielt, ist die Verteilung der Verantwortung. Es ist ja allseits bekannt, daß Hilfsbereitschaft mit zunehmender Gruppengröße sinkt. Wenn zwei Passanten einen gestürzten Radfahrer am Boden liegen sehen, der offensichtlich verletzt ist, werden sie mit ziemlicher Sicherheit sofort Hilfe leisten. Wenn derselbe Radfahrer jedoch Samstag vormittags in der dichtesten Menschenmenge auf der Zeil in Frankfurt gestürzt wäre, hätte er sich wahrscheinlich selbst helfen müssen. Die Verantwortung wird auf so viele einzelne Passanten verteilt, daß für jeden nicht mehr viel übrig bleibt. Wenn Sie in Ihrem Team vorschlagen, den Marketing-Etat einfach zu verdoppeln, haben Sie relativ gute Chancen, damit durchzukommen. Jedes einzelne Teammitglied fühlt sich durch die verteilte Verantwortung relativ wenig für einen eventuell zu erwartenden Fehlschlag verantwortlich.

- Also: Immer ein bewußtes Risikomanagement betreiben, um nicht mit dem Team in die Risikofalle zu treten.

Talk im Team

Kommunikationsnetze

Diskussionen und allgemeine Gespräche in Teams haben viele Gemeinsamkeiten mit Face-to-Face-Unterhaltungen zwischen nur zwei Personen. Aber es gibt auch Unterschiede. So können sich in Teams unterschiedliche Kommunikationsnetze bilden.[12] Wie diese Strukturen bei einem fünfköpfigen Team aussehen können, zeigt die folgende Abbildung.

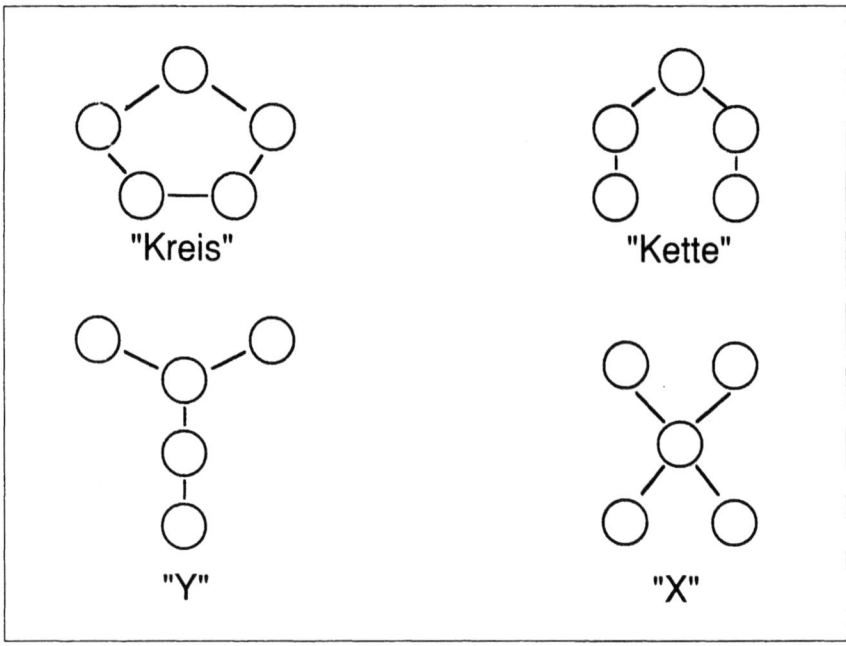

Die Kommunikationsstrukturen unterscheiden sich hinsichtlich ihres Grades an Zentralisation

Wenn ein Team-Leader, zum Beispiel ein Vertriebsleiter, im Zentrum der Kommunikationsprozesse steht, können zwar bestimmte einfachere Sachaufgaben relativ einfach gelöst werden, die Gesamtzufriedenheit des Teams ist aber relativ niedrig. Ein voll ausgestaltetes Kommunikationsnetz mit einem intensiven Informationsfluß, in den alle eingebunden sind, sorgt hingegen für eine hohe Zufriedenheit der Gruppe und ist auch hervorragend dazu geeignet, komplexe Probleme zu bewältigen.

Je mehr Informationen allgemein zur Verfügung stehen, desto zufriedener sind die Teammitglieder.

Die Zufriedenheit der Gruppe steigt, je mehr Mitglieder Zugang zu relevanten Informationen haben. Für eine erfolgreiche Teamarbeit, deren Ziel es zum Beispiel ist, ein aufwendiges Marketing- und Vertriebsprojekt zu realisieren, ist also die voll integrierte Kommunikationsstruktur die beste. In Verkaufsteams muß deshalb immer eine offene Informationspolitik herrschen, wichtige Daten sollten immer so schnell wie möglich, vollständig und allen zur Verfügung gestellt werden. Sobald in einem Team Wissen als Machtinstrument eingesetzt wird, ist das Ende des Teams auch schon besiegelt.

Wie offen kommuniziert das Team: Johari-Fenster

Das Maß an Offenheit einer Kommunikationsbeziehung zwischen zwei Interaktionspartnern kann außerdem sehr gut durch das nach ihren „Erfindern" Joseph Luft und Harry Ingham benannte Johari-Fenster charakterisiert werden. Ein solches Fenster repräsentiert die verschiedenen Bewußtseinsbereiche eines Kommunikationsteilnehmers. Vier Bereiche werden dabei unterschieden:

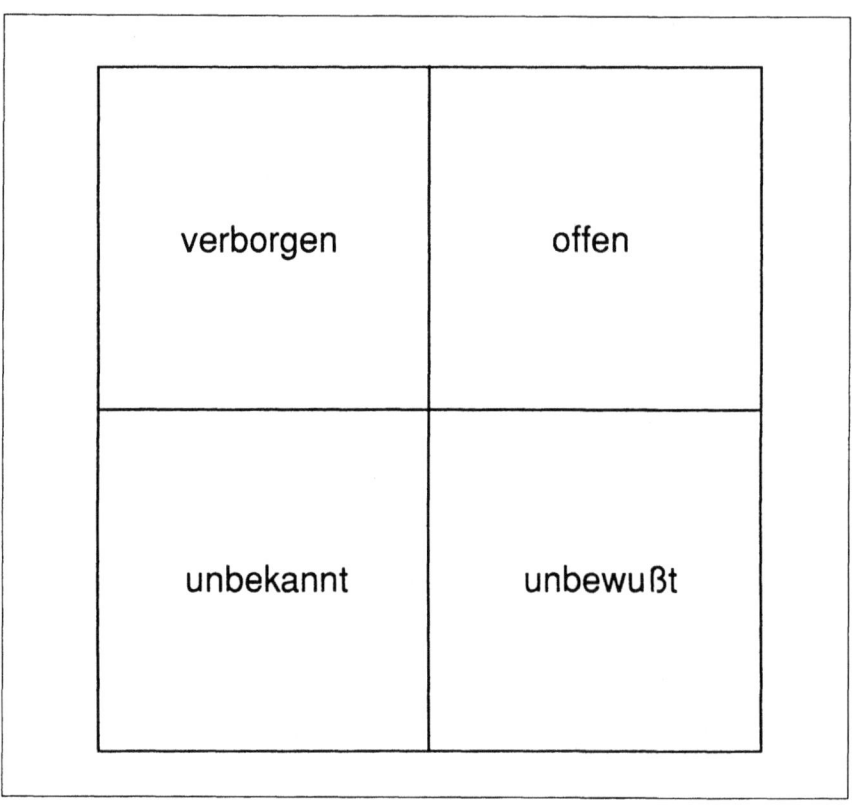

Die vier Bewußtseinsbereiche

Bereich 1: Bewußt/soll mitgeteilt werden

Alles, was einem Menschen bewußt ist und was er anderen auch mitteilen möchte, steht in diesem Feld.

- *Beispiel:* Sie haben die Idee, das Akquisitionspotential Ihres Teams durch den Einsatz von CAS-Systemen zu erhöhen, und Sie möchten diesen Gedanken Ihren Teampartnern mitteilen.

Bereich 2: Bewußt/soll verborgen bleiben

Nicht alles, was uns bewußt ist, möchten wir auch anderen mitteilen. Diese Mitteilungsbarriere kann aus den unterschiedlichsten Gründen bestehen: So möchten wir zum Beispiel private Informationen nicht gerade auf dem „Informationsmarktplatz" des Arbeitsteams feilbieten. Dann können auch strategische Überlegungen eine Rolle spielen, wenn wir mit Informationen sparsam umgehen: „Ich möchte nicht, daß der weiß, daß ... " Ein weiterer Grund kann sein, daß wir uns durch Zurückhaltung ganz einfach schützen wollen, denn wer Einstellungen, Gedanken und Ideen äußert, der öffnet sich. Und wer sich öffnet, bietet immer auch eine Angriffsfläche. Dieses zurückhaltende Kommunikationsverhalten ist vor allem dann typisch, wenn Teams in kritischen Phasen stecken oder zu Beginn eines Teamprozesses.

- *Beispiel:* Sie kommen als neuer Partner in ein Verkaufsteam. Eigentlich möchten Sie vorschlagen, das Gebietsmanagement anders zu organisieren. Sie möchten jedoch zuerst einmal abwarten, wie in diesem Team der Hase läuft.

Bereich 3: Unbewußt/wird mitgeteilt

Viele Dinge, die uns selbst nicht bewußt sind, teilen wir anderen dennoch mit, wie wir im Kapitel über nonverbale Kommunikation gesehen haben.

- *Beispiel:* Sie wundern sich, warum Ihre Teampartner nicht auf Ihre optimistischen Ausführungen zum nächsten Geschäftsjahr anspringen. Wenn Sie vor einem Spiegel sitzen würden, könnten Sie jedoch sehen, daß Ihre zusammengesunkene Körperhaltung signalisiert: „Glaubt mir kein Wort, eigentlich deprimieren mich die Zukunftsperspektiven völlig."

Bereich 4: Unbewußt/bleibt verborgen

Dieser Bereich steht für die tiefsten Tiefen unseres Wesens: Hier ruht alles, was weder uns noch den anderen bewußt wird, wie zum Beispiel Begabungen, die in uns schlummern, von denen wir jedoch keine Ahnung haben.

- *Beispiel:* Sie sind eigentlich ein Führungstalent. Andere Charakterzüge überlagern diese Eigenschaft jedoch, so daß sie noch nicht offen deutlich wurde. Und leider sieht man Ihnen diese Begabung auch nicht an der Nasenspitze an.

Diese vier Bereiche ergeben zwar zugegebenermaßen eine etwas schematische Charakterisierung unseres Innenlebens, doch sie kann uns dabei helfen, das Kommunikationsverhalten von Gruppen darzustellen und zu verstehen. Nehmen wir zum Beispiel ein Verkaufsteam, das gerade erst gegründet wurde. Niemand öffnet sich so recht, und weil sich die Kommunikation auf einem relativ niedrigen Level befindet, gibt es auch kaum Rückmeldungen auf Statements der einzelnen Teammitglieder. Doch dies ändert sich, zumindest in positiv verlaufenden Teamprozessen, wo nämlich zwei Tendenzen zu beobachten sind: Erstens öffnet sich jeder einzelne den anderen gegenüber. Zweitens nimmt das Feedback der Gruppe in bezug auf den einzelnen zu. Dies hat wiederum zwei wichtige Konsequenzen: Zum einen erhöht sich das Informationsniveau der Gruppe insgesamt, und außerdem lernt jeder einzelne auch mehr über sich selbst. Die Johari-Fenster können diesen Prozeß verdeutlichen:

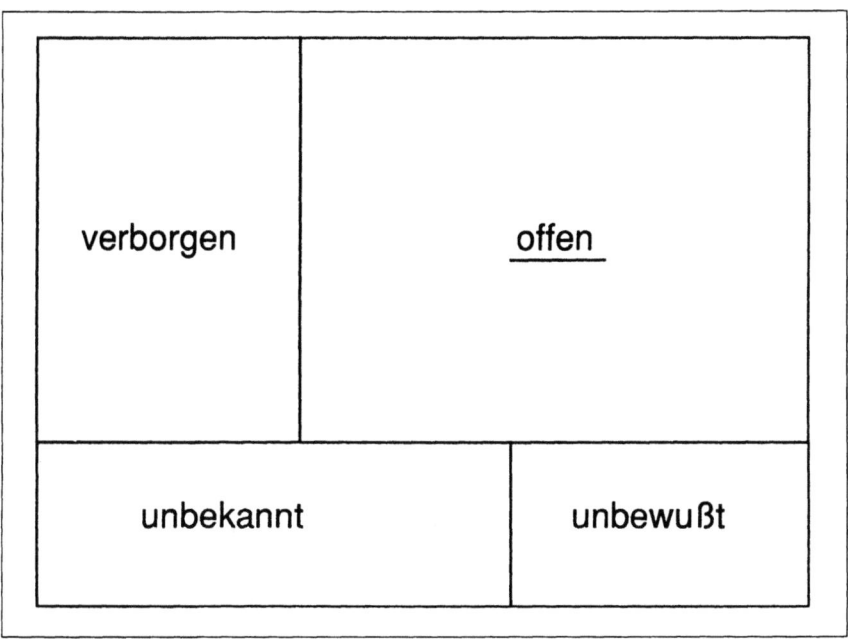

Die Offenheit nimmt im Teamprozeß zu

Setzen Sie sich doch einmal mit Ihren Teampartnern zusammen, und entwerfen Sie ein Johari-Fenster, das dem Kommunikationsverhalten Ihres Teams entspricht. Hilfreich sind hierbei zum Beispiel die folgenden Leitfragen:

- Kommunizieren wir intensiv über relevante Fragen?
- Wissen immer alle schnell über alles Bescheid?
- Geben wir uns gegenseitig auch intensives Feedback, und zwar nicht nur in bezug auf verbale, sondern auch in bezug auf nonverbale Botschaften?

Wenn sich aus einer solchen Analyse ergibt, daß die Bereiche 2 und 3 größer sind als der Bereich 1, sollten Sie sich unbedingt um mehr Offenheit bemühen.

Gründe für ein unterentwickeltes Kommunikationsverhalten können dabei zum Beispiel sein:

- Das Projektteam ist einfach noch zu neu, als daß sich die Mitglieder intensiv öffnen möchten.
- Es gibt „Interessengruppen" im Team, die nicht mit allen Infos rausrücken möchten.
- Ein „Opinion-Leader" sagt, was Sache ist. Andere Meinungen werden schlichtweg ignoriert.

Wer kann mit wem: Soziogramme

Die Kommunikationsstruktur eines Teams kann auch hervorragend mit den sogenannten Soziogrammen dargestellt werden. Ein Soziogramm besteht aus Symbolen, meistens Kreisen, die für die einzelnen Teammitglieder stehen, und aus Verbindungslinien zwischen diesen Symbolen. Die Verbindungslinien stehen für eine Beziehungsqualität, wie zum Beispiel „finde ich sympathisch" oder „kann ich nicht so gut leiden" beziehungsweise „mit dem arbeite ich gut zusammen" oder „den meide ich besser bei komplizierten Aufgaben". Ein Soziogramm wird erstellt, indem die Teammitglieder eine bestimmte Zahl an Teampartnern in bezug auf ein bestimmtes Kriterium wählen: „Nennen Sie die zwei Teammitglieder, mit denen Sie am liebsten Akquisitionsprojekte durchführen." – So könnte zum Beispiel eine Frage lauten, die Sie in Ihrem Team stellen. Je nachdem, wie oft die einzelnen Teammitglieder gewählt wurden, erhalten Sie ein Ranking, das darüber Auskunft gibt, wer allgemein als Akquisitionspartner bevorzugt wird und mit wem eigentlich niemand auf Kundenfang gehen möchte (der aber dafür bei einer anderen Fragestellung im Mittelpunkt stehen kann). Ein Akquisitions-Soziogramm könnte zum Beispiel folgendermaßen aussehen:

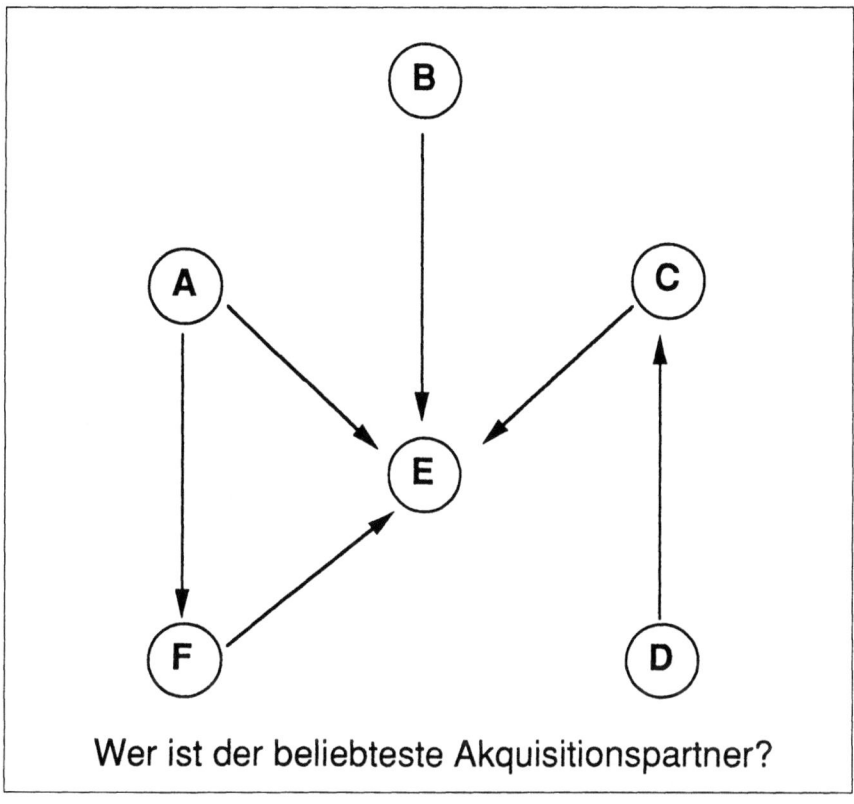

Wer ist der beliebteste Akquisitionspartner?

Wer kann mit wem bei Akquisitionsprojekten?

Wenn Sie in Ihrem Verkaufsteam mehrere Soziogramme erstellen und dabei nach persönlich-emotionalen Werten und nach sachlich-aufgabenbezogenen Werten unterscheiden, erhalten Sie Antwort auf verschiedene Fragen, wie zum Beispiel:

- Wer ist der Beliebteste im Team?
- Wen finden seine Kollegen weniger sympathisch?
- Wer nimmt im Team eine Führungsposition ein?
- Wer ist bei bestimmten Sachfragen besonders geschätzt?

- Entsprechen die Team-Soziogramme der ursprünglich geplanten Team-Organisation?

Analyseinstrumente wie die Johari-Fenster oder die Soziogramme müssen vorsichtig gehandhabt werden, denn:

- Sie bilden immer nur den Status quo ab und können keine Aussage über zukünftige Entwicklungen geben. Ein Team ist jedoch ein dynamisches System, und ein Soziogramm, das Sie heute erstellen, kann morgen eventuell schon hinfällig sein.

- Nicht bei allen Fragen können Ehrlichkeit und Offenheit erwartet werden, vor allem wenn es um persönliche Gefühle, Kritik gegenüber anderen oder feste Machtstrukturen geht. Die Fragen sollten also immer so ausgewählt werden, daß keines der Teammitglieder mit ihrer Beantwortung ein Problem hat.

- Analyseinstrumente müssen immer schematisch und grob vereinfachend sein, die Wirklichkeit sieht oft viel komplizierter aus, als es das Ergebnis zum Beispiel einer soziometrischen Analyse vermuten ließe.

Dennoch: Wenn sie richtig angewendet werden und die Ergebnisse mit etwas Distanz betrachtet werden, können diese oder ähnliche Tools wertvolle Auskünfte über den Zustand eines Verkaufsteams geben.

Der Weg zur Konfliktkultur

Konflikte bieten ein unglaubliches Leistungspotential. Die Zeiten, in denen Schmuseteams „in" waren, sind endgültig vorbei. Denn eines muß klar sein: Nachgeben um der lieben Harmonie willen, ist kontraproduktiv. Teams haben Aufgaben und Ziele, und die sind oft nur in einer offenen „Konfliktkultur" zu erreichen:

- Eine Konfliktkultur sorgt vor allem dafür, daß auch konträre Meinungen geäußert und diskutiert werden. Die Meinungsvielfalt sorgt für ein höheres Problemlösungspotential.

- Eine Konfliktkultur öffnet die Perspektive auf das Team, sie läßt jeden einzelnen sich aber auch als Individuum wahrnehmen: „Die anderen sind zwar alle dafür, daß wir uns nur noch auf unsere großen Kunden konzentrieren sollen. Es ist jedoch meine Überzeugung, daß dies der falsche Weg ist. Ich persönlich kann dafür nicht einstehen."

- Eine Konfliktkultur weckt Kreativität, denn sie stellt einen gewissen „Wettbewerb der Ideen" her: „Ihre Idee ist zwar gut, aber ich habe da einen ganz anderen Vorschlag."

- Eine Konfliktkultur sorgt für Flexibilität. Harmonie zementiert oft bestehende Verhaltensmuster. Gerade von Teams wird jedoch erwartet, daß sie schnell und flexibel auf sich verändernde Umweltanforderungen reagieren können. Die Vielfalt an Ansichten und Meinungen erhöht das Handlungspotential eines Teams. So kann es zum Beispiel gut sein, sich eine Zeitlang auf das Stammkunden-Management zu konzentrieren. Wenn sich jedoch die Marktbedingungen ändern, kann auch einmal die Neukundengewinnung erste Priorität haben. Je früher und intensiver dann das bestehende Verhalten in einem Konflikt in Frage gestellt wird, desto besser für den Erfolg des Teams.

- Eine Konfliktkultur erlaubt es, offen Probleme zwischen den Teammitgliedern auszutragen. Wenn Sie sich permanent darüber ärgern, daß der F&E-Kollege in Ihrem Team seine langen Entwicklungszeiten durchsetzen kann, werden Sie nicht lange im Team glücklich sein. Wenn Sie jedoch auch einmal auf den Tisch hauen und deutlich auf die entsprechenden Probleme ewiger Produktentwicklungszeiten hinweisen, werden Sie sehen, daß Sie auch andere Teamkollegen auf Ihrer Seite haben. Der F&E-Mitarbeiter hat sich vielleicht nur deshalb durchsetzen können, weil er immer als erster ein Konzept auf den Tisch gelegt hat und alle anderen dann wohl oder übel zustimmten, um ja keinen Streit zu provozieren: „Wir sind doch ein Team."

- Eine Konfliktkultur sorgt dafür, daß sich die einzelnen Mitarbeiter im Team mit ihren individuellen Fähigkeiten positionieren können. Harmonie führt oft zu Gleichmacherei, wobei wertvolle Mitarbeiterpotentiale verlorengehen.

- Eine Konfliktkultur sorgt dafür, daß Probleme nicht von oben durch das Management geregelt werden müssen, was zu einer Einbuße der Selbständigkeit des Teams führen würde. Probleme, die vom Team unter den Teppich gekehrt werden, sammeln sich dort so lange an, bis sie von einer höheren Instanz bemerkt und aufgedeckt werden. Also: Besser gleich im Team streiten.

- Eine Konfliktkultur erlaubt das Aushandeln von Kompromissen. Im Team muß sich niemand als Verlierer fühlen, was der Fall sein kann, wenn zum Beispiel ein Opinion-Leader das Ruder in der Hand hat und sich niemand traut, Kritik zu üben.

Verkaufsaktivitäten können durch den Einsatz von Teams deutlich verbessert werden. Die Leistungsfähigkeit von Verkäufern kann aber auch durch einen verkaufsaktiven Innendienst und eine verkaufsorientierte Unternehmenskultur gesteigert werden. Wie, das erfahren Sie im nächsten Kapitel.

Kapitel VI

Das kundenorientierte Umfeld für Verkaufserfolge

Der neue Verkäufer kann sein Leistungspotential nur entfalten, wenn er in ein verkaufsorientiertes Unternehmen eingebunden ist. Wichtig sind hier vor allem ein neu definierter Innendienst und eine verkaufsorientierte Unternehmenskultur.

Der verkaufsaktive Innendienst

Verkäufer und Innendienst: An einem Strang ziehen

Die Außendienstmannschaft kann nur so gut sein, wie es der Innendienst zuläßt. Leider ist eine Teamorientierung, wie sie zum Beipiel in den Hot-Akquisition-Groups realisiert wird, in vielen Unternehmen bestenfalls reines Wunschdenken. Noch viel zu oft werden zwischen den „Abteilungen" Innendienst und Außendienst unerbittliche Grabenkämpfe geführt. „Wir müssen für die da draußen doch sowieso nur die unangenehmen Arbeiten erledigen, und die kassieren dann die dicken Provisionen." – So lautet ein typisches Vorurteil auf der einen Seite. „Die setzen sich einfach nicht richtig ein. Alles dauert viel zu lange. Ich könnte viel besser verkaufen, wenn meine Arbeit nicht permanent sabotiert werden würde." – So lautet ein typisches Vorurteil von der anderen Seite.

**Innendienst und Außendienst müssen
an einem Strang ziehen, sonst leidet der Kunde.**

In den Gefechten dieser Grabenkämpfe kommt auch ein Dritter nicht ohne Blessuren davon: der Kunde. Mehrere Ansprechpartner, Informationsdefizite auf Unternehmensseite und überaus lange Wartezeiten, bis endlich eine Anfrage beantwortet wird, steigern nicht gerade die Zufriedenheit des Kunden. Die mangelhafte Effizienz der Zusammenarbeit zwischen Innen- und Außendienst behindert den Verkäufer auch bei seiner eigentlichen Aufgabe: für Verkaufserfolge zu sorgen. Kein Zustand für den neuen Verkäufer! Der Kundenmanager, Unternehmensberater und Problem Solver ist auf einen verkaufsaktiven Innendienst angewiesen, der ihn von all den Aufgaben entlastet, die wertvolle Zeit beim Kunden auffressen würden. Hier seien noch einmal die wichtigsten Aufgaben genannt:

- Mitbewerber aktiv aus den „eigenen" Märkten verdrängen
- neue Kunden gewinnen
- Marktdaten sammeln und aufbereiten
- die wichtigsten Stammkunden persönlich betreuen
- permanent Kundenbedarfe ermitteln
- „Unternehmensberatung" für Kunden
- Marktpotentiale erkunden
- Verkaufsgespräche führen

Die Aufgaben des neuen Innendienstverkäufers

Damit die Außendienstmitarbeiter möglichst viel Zeit für diese Kernaufgaben aufbringen können, müssen die vertriebsunterstützenden Tätigkeiten sehr ausgeprägt sein. Die Innendienstmitarbeiter, die aktiv in den Verkaufsprozeß eingebunden werden sollen, müssen hierfür die folgenden Kernleistungen erbringen:

Betreuung von C-Kunden

C-Kunden können durch die folgenden Merkmale charakterisiert werden: Sie bringen aktuell wenig Umsatz, ihr Umsatzpotential ist grundsätzlich gering, und sie stellen ein recht umfangreiches Marktsegment dar. Zum einen sprechen die Kosten dagegen, daß Außendienstmitarbeiter dieses Kundensegemnt bearbeiten, zumindest nicht systemtatisch. Zum anderen fehlt einem Verkäufer, der sich auf umsatzträchtigere Kunden konzentriert, einfach die Zeit, auch wenn er alle Zeitdiebe erfolgreich ausgeschaltet hat. Der Innendienst kann diese Aufgabe jedoch sehr gut übernehmen. Telefonisch oder per Direct-Mail können die Innendienstverkäufer C-Kunden akquirieren und betreuen. Dieses Kundensegment kann auf diese Weise intensiv angegangen werden, ohne daß aktive Verkaufszeiten der Außendienstmitarbeiter dabei verlorengehen. In diesem Segment kann sich der Innendienst gewissermaßen als Außendienst ohne Auto verstehen.

Verkauf standardisierter Produkte und Dienstleistungen

Neben komplexen, erklärungsbedürftigen Produkten gibt es auch noch die Standard- und Serienprodukte, deren Eigenschaften relativ konstant bleiben, Produkte, die nicht in ausführlichen Beratergesprächen auf den jeweiligen Kundenbedarf zugeschnitten werden müssen. Auch diese Produkte und Dienstleistungen können hervorragend mit Hilfe von Telefon und Mailing verkauft werden.

Terminplanung

Ein lästiger und zeitraubender Job für Außendienstmitarbeiter ist die Terminplanung. Termine müssen dabei nicht nur mit den Kunden, sondern auch mit anderen Kollegen abgestimmt werden. Wir erinnern uns: Der neue Verkäufer wird zunehmend in Teamstrukturen eingebunden. Der Innendienst kann diese Aufgabe hervorragend übernehmen, weil bei ihm alle „Fäden" zusammenlaufen, er also die Übersicht über die Terminstruktur des gesamten Verkaufsbereichs hat.

Besuche vorbereiten

Sehr viel verkaufsaktive Zeit wird zum Beispiel auch durch diverse Recherchearbeiten gebunden. Vor einem Kundenbesuch sind zahlreiche Fragen zu klären und Informationen zu besorgen. Der Innendienst kann hier einiges tun: Unternehmensbroschüren besorgen, alte Gesprächsprotokolle auswerten oder Informationsmaterial über das eigene Unternehmen kundenbezogen zusammenstellen.

Auftragsnachbearbeitung

Ist ein Auftrag erst einmal unter Dach und Fach, kann der Innendienst auch wieder verkaufsaktiv wirksam werden. So kann ein Innendiestverkäufer gezielt nachfassen und versuchen, Zusatz- beziehungsweise Anschlußgeschäfte zu vereinbaren. Die entsprechenden Informationen über den jeweiligen Kundenbedarf kommen natürlich vom Außendienstmitarbeiter. Wichtig auch: Fast der gesamte After-Sales-Service kann vom Innendienst übernommen werden. Viele Automobilhäuser, vor allem die der Oberklasse, rufen nach einer gewissen Zeit bei ihren Kunden an und erkundigen sich nach der Zufriedenheit. Die entsprechenden Informationen fließen in die Kundendatenbank ein, Fragen und Probleme werden sofort geklärt.

Absatzanalyse/-controlling

Auch bei betriebswirtschaftlichen Aufgaben kann der Innendienst einiges tun. So kann er zum Beispiel die Absatzplanung überwachen, ein Frühwarnsystem bei zu erwartender Planabweichung pflegen und ein Forecastingsystem führen. Die entsprechenden Daten können wieder elektronisch gespeichert werden und den Außendienstverkäufern über ihr CAS-System tages-, wochen- oder monatsaktuell zur Verfügung gestellt werden.

Formulare erfassen und auswerten

Weil aber nicht alles elektorisch erfaßt und aufbereitet werden kann, wird es immer auch eine gewaltige Formularflut zu bewältigen geben. Die Daten, die zum Beispiel ein Kundenbeurteilungsbericht enthält, sind dabei so wichtig, daß sie nicht im Alltagsgeschäft des Verkäufers untergehen dürfen. Schnellebige Märkte erfordern außerdem, daß die entsprechenden Informationen auf dem schnellsten Weg allen interessierten Mitarbeitern zur Verfügung gestellt werden – wieder ein Aufgabenbereich für den Innendienst, der den Außendienst stark entlasten kann.

Marktdaten sammeln

Die Komplexität und Dynamik der Märkte läßt die Informationsflut mehr und mehr anschwellen. Verkäufer sind dabei zeitlich überfordert, neben ihren Kundenbesuchen, bei denen sie natürlich auch wichtige Daten sammeln, eine systematische und permanente Marktanalyse durchzuführen. Hier ist wieder der Innendienst gefragt. Um ein vollständiges Bild bieten zu können, muß die Marktanalyse dabei die folgenden Bereiche umfassen:

- die Kunden
- die Mitbewerber der Kunden
- Status, Trends und Tendenzen der Märkte, in denen sich die Kunden bewegen
- eigene Mitbewerber

Direktmarketing-Maßnahmen durchführen

Um auch C-Kunden möglichst kundenindividuell ansprechen zu können, müssen verstärkt Direktmarketing-Tools, wie etwa Telefonakquise oder Direct-Mailing mit Responsemöglichkeit eingesetzt werden. Diese Maßnahmen können ebenfalls ideal vom Innendienst durchgeführt werden. Entsprechende Daten wie Kundennamen und -bedarfe werden wieder vom Außendienst ermittelt.

Erstellen und versenden von Informationsunterlagen

Kundenorientiertes Informationsmaterial, in dem über Produktmerkmale und den entsprechenden Kundennutzen informiert wird, ist für den Außendienst ein wichtiges „Verkaufsargument". Weil die Unterlagen nach Möglichkeit kundenindividuell gestaltet sein sollten, ist der Aktualisierungs- und Änderungsbedarf sehr hoch. Vor allem die Argumentation des Kundennutzens muß so kundenspezifisch wie nur möglich sein. Eine Menge Arbeit, die den Außendienst wiederum zeitlich überfordern würde.

Mit Hilfe der folgenden, umfangreichen Checkliste, die neben den bereits genannten Aufgaben noch weitere enthält (geordnet nach Planungsaufgaben, Tagesarbeit, und Kontrollaufgaben), können Sie überprüfen, wie verkaufsorientiert Ihr Innendienst arbeitet. Sie können diese Liste auch um Positionen ergänzen, die Ihnen besonders wichtig sind, und turnusmäßig durchgehen (1 bedeutet „sehr intensiv", 6 bedeutet „nie").

Wie verkaufsorientiert arbeitet Ihr Innendienst?						
Planungsaufgaben	1	2	3	4	5	6
1. Mitwirkung bei Planung und Realisierung je Gebiet						
a. von Produktumsätzen						
b. von Kundenumsätzen						
2. Abstimmung mit dem Außendienst, um Zielerreichung zu ermöglichen						
3. Mitwirkung bei der Bestimmung						
a. der Kundenklassifizierung						
b. der Besuchswürdigkeit von Kunden						
c. der Mindestabnahme						
4. Vorschläge zur Durchführung						
a. von Verkaufsaktionen						
b. von Verkaufsförderungsmaßnahmen, zum Beispiel Preisausschreiben, Werbung etc.						
5. Entwicklung der Verkaufsargumentation für einzelne Produkte						
Tagesarbeit	1	2	3	4	5	6
1. Anfragen-, Angebots- und Auftragsbearbeitung						
2. Entscheidungen über						
a. Preise						
b. Preisnachlässe						
3. Regelmäßige Pflege der Interessenten- und Kundendatei						

4. Briefliche Sonderaktionen im Zusammenhang mit						
a. unterentwickelten Sortimenten						
b. Erläuterungen von Produktvorteilen						
c. Auswertung der Bestellmenge						
d. Gewinnung neuer Kunden						
5. Systematische Nachfaßaktionen (etwa bei fehlenden Kundenaufträgen)						
6. Telefonische Anmeldung des Außendienstmitarbeiters beim Kunden						
7. Versorgung von Außendienst und Kunden mit Mustern, Prospekten, Plakaten, Verkaufsunterlagen und ähnlichem						
8. Empfehlung von Sonderkonditionen bei Erstaufträgen oder Neueinführung von Produkten						
9. Weitergabe relevanter Informationen an den Außendienst						
10. Gelegentliche gemeinsame Kundenbesuche						
11. Teilnahme an allen Verkaufsbesprechungen						
Kontrollaufgaben	**1**	**2**	**3**	**4**	**5**	**6**
1. Beobachtung des Kunden bezüglich Bestellrhythmus, Bestellmenge, Qualität, Sortiment						
2. Preisanalyse je Kunde und Produkt						
3. Beobachten der Angebotserfolge und der Angebotsablehnung						
4. Auswerten der Bezirksstatistik						

5. Auswerten der Verkäuferberichte in bezug auf						
a. die Besuchserfolge						
b. den Vergleich mit anderen Gebieten						
c. Hinweise auf Gebietsschwächen und -stärken						
6. Mitbewerberanalyse						
7. Analyse der Reklamationen						

Damit der Innendienst seine Aufgaben verkaufsorientiert erfüllen kann, müssen zumindest die folgenden Bedingungen gegeben sein:

- Das Image des Innendienstes muß unternehmensintern aufgewertet werden. Innendienstmitarbeiter, die als „Verwaltungsbeamte" belächelt werden, können sich kaum zu „Innendienstverkäufern" entwickeln.

- Der Innendienst muß über das Lieferprogramm vollständig informiert sein oder auf die entsprechenden Infos Zugriff haben. Kunden wollen nicht lange am Telefon warten, wenn sie sich nach bestimmten Produktdaten erkundigen.

- Der Innendienstmitarbeiter muß verkaufsorientiert handeln und seine Rolle im Verkaufsprozeß verstehen. Dies kann er nur, wenn er aktiv in den Verkaufsprozeß mit eingebunden wird.

- Die Innendienstmitarbeiter müssen die Kunden des Unternehmens genau kennen, ihre Anforderungen und ihre Probleme. Nur so können sie wie ein Außendienstverkäufer als Innendienstverkäufer Kunden individuell ansprechen oder betreuen.

Telefonmarketing

Die obengenannten Aufgaben werden im allgemeinen im Innendienst von verschiedenen Funktionsträgern übernommen: *Verkaufsförderer* kümmern sich beispielsweise primär um Promotion-Aktivitäten, um die Erstellung von Informations- und Schulungsunterlagen. *Vertriebsassistenten* konzentrieren sich auf unterstützende Leistungen in den Bereichen Korrespondenz und Kundenkommunikation. *Datenmanager* betreuen den gesamten Marktforschungsbereich.

Zunehmend wichtig für die Unterstützung des Außendienstes wird jedoch der *Telefonverkauf*. Der Telefonverkäufer kann sich zum Beispiel intensiv um Kunden kümmern, deren Betreuung durch den Außendienst einfach zu teuer wäre, wie zum Beispiel bei C-Kunden. Intensive Telefonkontakte können die Fluktuationsrate in diesem Kundenbereich deutlich senken beziehungsweise die Kundenbindung deutlich erhöhen. Eine Aufgabe, für die ein Außendienstverkäufer wertvolle A-Kunden-Zeit einsetzen müßte. Telefonverkäufer können in diesem Kundenbereich jedoch nicht nur Stammkunden betreuen, sie können auch aktiv neue Kunden gewinnen und diese per Telefon weiter betreuen. Aber auch Kunden mit einem hohen Potential können vom Innendienst an Land gezogen werden. Telefonisch können die entsprechenden Kundenbedarfe ermittelt werden, und der Kunde kann auf das Leistungspotential des Unternehmens neugierig gemacht werden.

Das Telefon gewinnt als Bindeglied zwischen Verkäufer und Kunde zunehmend an Bedeutung, denn der Tele-Talk ist effektiv und günstig. Per Telefon erreicht ein Innendienstverkäufer zirka zehn Kunden in einer Stunde. Dieses Pensum bewältigt ein guter Außendienstverkäufer an einem ganzen Tag. Nach einer Statistik der Telekom hat sich die Zahl der Servicetelefone von 6 510 im Jahr 1991 auf 34 220 im Jahr 1995 erhöht, und der Trend weist weiterhin nach oben.

Aktives Beschwerdemanagement

Ein weiterer Trend besteht darin, den Innendienst im Rahmen eines aktiven Beschwerdemanagements einzusetzen: Auf diese Weise können mit Hilfe eines relativ geringen Marktforschungs-Etats Kundenwünsche und Verbesserungspotentiale bestimmt werden. Wichtig dabei: Nicht nur darauf warten, daß sich Kunden von alleine melden, sondern die Kunden aktiv ansprechen, nach einer bestimmten Zeit einfach anrufen und fragen, ob der Kunde mit dem erworbenen Produkt zufrieden ist. Wichtig auch: Die gewonnenen Informationen schriftlich festhalten und turnusmäßig auswerten. Die Ergebnisse sollten dann an die entsprechenden Abteilungen, zum Beispiel Forschung und Entwicklung, vor allem aber auch an die Außendienstmitarbeiter weitergeleitet werden. Die Verkäufer können sich dann entsprechend auf ihre Kundenbesuche vorbereiten. Bei gravierenderen Problemen kann der Innendienst, der sich ja auch um die Terminplanung der Außendienstmitarbeiter kümmert, sofort einen Besuch beim Kunden vereinbaren. Der Kunde sieht so, daß er mit seiner Beschwerde ernst genommen wird – ein wichtiger Faktor für langfristige Kundenbindung. Beim Innendienst liegt dann auch das „Beschwerde-Controlling": Er wird hierzu gegebenenfalls vom Verkäufer informiert, was vereinbart wurde und getan werden soll, um einer gerechtfertigten Beschwerde zu entsprechen.

Die Verkaufskultur

Bindemittel für dezentrale Strukturen

Damit Verkäufer, Verkaufsteams, Innendienst und Außendienst als harmonische Einheit agieren können, müssen sie durch eine gemeinsame Unternehmenskultur zusammengeschweißt werden. Aufgrund ihrer Fähigkeit, als Bindemittel zu wirken, ist eine gelebte Unternehmenskultur allgemein der Garant für den Zusammenhalt organisatorischer Strukturen, die durch Dezentralisierung und (teil-)autonome Arbeitsteams bestimmt sind. Und, wie wir gesehen haben, geht der Trend organisatorischer Unternehmensgestaltung auch genau in diese Richtung. Unternehmen, die als Einheit im Markt auftreten wollen, sind auf eine verbindende und verbindliche Kultur angewiesen, wenn sie vermeiden wollen, daß dezentrale Einheiten, die flexibel und schnell auf sich verändernde Märkte reagieren können, zu sehr abdriften, was ihre Kultur und Identität angeht.

Dezentrale Unternehmenseinheiten werden durch die Unternehmenskultur in das Unternehmensganze eingebunden.

Natürlich ist es wichtig, daß markt- und kundennahe Einheiten auch kulturell flexibel sind und sich verändernden Marktbedürfnissen anpassen können. Aber auch solche, zum Beispiel nach Zielgruppen organisierte Unternehmenseinheiten müssen durch gemeinsame kulturelle Essentials in das Unternehmensganze integriert sein. Das Unternehmen als Ganzes wird sonst nicht mehr im Markt als Einheit wahrgenommen. Kultur dient hier der Einbindung der Mitarbeiter in das Unternehmen, und nur durch diese Einbindung kann ein Commitment gegenüber den Unternehmenszielen gewährleistet werden.

Verkaufskultur als Chefsache

Kultur entsteht im Unternehmensalltag „bottom up", sie ist die Gesamtheit der gelebten Werte und Normen. Das Management muß es jedoch als seine ureigene Aufgabe verstehen lernen, die Rahmenbedingungen für das Entstehen spezifischer Kulturen zu setzen, zum Beispiel für eine Kultur der Geborgenheit, der Selbstverwirklichung und vor allem auch des Sinnes, den jeder Mitarbeiter in seiner Arbeit erfahren will. In einer Zeit, in der ein gewisser Wohlstand erreicht ist, haben diese immateriellen Werte den Platz der reinen „Lohnkultur" eingenommen. Vor allem sollte die Unternehmensführung auch dafür sorgen, daß die Kultur eines Unternehmens immer auch eine *Verkaufskultur* ist.

Dies kann zum Beispiel durch die folgenden Maßnahmen erreicht werden:

- Die Unternehmensführung muß in bezug auf Verkaufs- beziehungsweise Kundenorientierung Vorbild sein. Verkaufsorientierung muß jeden Tag vorgelebt werden.

- In entsprechenden Schulungsmaßnahmen müssen zumindest die Verkäufer mit der Komplexität des Begriffs der Kundenorientierung, mit der entsprechenden Denkhaltung vertraut gemacht werden.

- Die reine Kostenkultur sollte aufgegeben werden. Controller, die mit ihrem Rotstift Serviceleistungen zusammenstreichen, streichen mittelfristig auch zahlreiche Namen aus der Kundenliste.

- Jeder Kunde muß als langfristiger Partner betrachtet werden. Intensive Akquisitionsbemühungen, die auf Kosten des Stammkundenmanagements gehen, sind ungeheuer kostenintensiv und die beste Grundlage für Umsatzverluste.

- Sorgen Sie für eine Kultur, in der Fehler als unvermeidliches Ereignis betrachtet werden. Verkäufer, denen mehr und mehr Verantwortung und Kompetenzen übertragen werden, machen natürlich auch mehr und auch größere Fehler. Die Angst vor Fehlern würde nur das Engagement der Verkaufsmannschaft schwächen. Und das wäre wirklich ein Fehler, der kaum wieder auszugleichen wäre.
- Machen Sie klar, daß jeder Mitarbeiter im Unternehmen „Verkäufer" ist.

Mehrwert durch Kultur

Ein weiterer Grund, warum eine spezifische Unternehmenskultur immer wichtiger werden wird, ist der zunehmende Konkurrenzdruck in weitaus gesättigten Märkten bei oftmals austauschbaren Produkten. Denn die Unternehmenskultur wirkt nicht nur als internes Bindemittel, sie ist auch ein emotionales Mittel, das Kunden an ein Unternehmen bindet.

Die Kultur eines Unternehmens bietet Kunden ein enormes Identifikationspotential.

Die Kultur eines Unternehmens bietet ein hohes Identifikationspotential, und sie bestimmt weitgehend sein Image im Markt. Unternehmenskultur ist somit ein hochwirksames Mittel, um ein Unternehmen gegenüber seinen Wettbewerbern im Marktgeschehen zu positionieren. Die Unternehmenskultur wird somit zum Mehr-Wert, den ein Kunde durch den Erwerb eines Produktes beziehungsweise durch die Zusammenarbeit mit einem bestimmten Unternehmen mit erwirbt.

Schlußbemerkung

Der Weg vom „Drücker zum Beziehungsmanager und Teamplayer", zum neuen Verkäufer ist weit, doch es lohnt sich, ihn zu gehen, denn die Chancen, die auf Verkäufer warten, sind groß. Ich hoffe, daß ich mit diesem Buch dazu beitragen konnte, daß auch Sie den entsprechenden Herausforderungen erfolgreich begegnen können.

Wenn Sie noch mehr zum Verkäufer der Zukunft oder zu anderen verkaufsorientierten Themen wissen wollen, faxen Sie mir bitte einfach eine Kopie des „Infoschecks" auf der nächsten Seite zu. Gerne versorge ich Sie dann mit entsprechenden Informationen.

Ihr
ALEXANDER VERWEYEN

Infoscheck

Möchten Sie weiterführende Informationen? Kopieren Sie dazu einfach diesen Infoscheck, füllen Sie ihn aus, und faxen Sie die Kopie an:
VERWEYEN CONSULTING GmbH, Telefax: 0 89/7 90 22-44.

Bitte senden Sie mir folgendes Informationsmaterial:

- ❑ Intensiv-Seminar „Erfolgreich Akquirieren"
- ❑ Motivationstraining für Verkäufer
- ❑ Verkaufstraining „Kampf den Rabattjägern"
- ❑ Broschüre „Verkaufen auch in harten Zeiten"
- ❑ Video „Mehr Umsatz mit System"
- ❑ Broschüre „Reduzieren Sie Ihre Vertriebskosten"
- ❑ Unternehmensprofil VERWEYEN CONSULTING GmbH
- ❑ Beispiel für ein firmenindividuelles Erfolgstraining

Meine Anschrift:

Vor- und Zuname: _____

Firma: _____

Position: _____

Straße und Hausnummer: _____

PLZ und Ort: _____

Telefon: _____

Telefax: _____

Anmerkungen

[1] Frankfurter Allgemeine Magazin, 16. August 1996.

[2] M. Tominaga: Die kundenfeindliche Gesellschaft – Erfolgsstrategien für Dienstleister. Düsseldorf 1996.

[3] Focus 34/1996, S. 169 ff.

[4] Der Spiegel 26/1994, 68 ff.

[5] impulse 9/96, S. 33.

[6] Focus 34/1996, S. 176.

[7] M. Kleinaltenkamp/S. Fließ, Berufsbilder und Weiterbildungsbedarf im Technischen Vertrieb, Berlin/Heidelberg, 1995.

[8] SALES PROFI 6/1995, S. 56 ff.

[9] So der Psychologe H. Gardner, zitiert nach D. Goleman, Emotionale Intelligenz, München/Wien 1996, S. 60 f.

[10] H. Gardner, Abschied vom IQ – Die Rahmentheorie der vielfachen Intelligenzen, Stuttgart 1991.

[11] D. Goleman, Emotionale Intelligenz, S. 69 f.

[12] Vgl. z. B. Leavitt, H. J., Unhuman Organizations. In: Harvard Business Review 1962, S. 90 ff.

Literaturverzeichnis

Gardner, Howard: *Abschied vom IQ – Die Rahmentheorie der vielfachen Intelligenzen.* Stuttgart 1991.

Goleman, Daniel: *Emotionale Intelligenz.* München 1996.

Greff, Günter: *Telefonverkauf mit noch mehr Power.* 2. Auflage. Wiesbaden 1996.

Greff, Günter: *Das 1 x 1 des Telefonmarketing.* Wiesbaden 1997.

Kleinaltenkamp, Michael/Sabine Fließ, *Berufsbilder und Weiterbildungsbedarf im Technischen Vertrieb.* Berlin/Heidelberg, 1995.

Lasko, Wolf W.: *Professionelle Neukundengewinnung.* Wiesbaden 1996.

Lasko, Wolf W.: *Stammkunden-Management.* 3. Auflage. Wiesbaden 1997.

Tominaga, Minoru: *Die kundenfeindliche Gesellschaft – Erfolgsstrategien für Dienstleister.* Düsseldorf 1996.

Verweyen, Alexander: *Erfolgreich akquirieren.* Wiesbaden 1997.

Der Autor

Alexander Verweyen ist in Deutschland durch seine Vorträge, Veröffentlichungen sowie durch eine Vielzahl firmeninterner Seminare beziehungsweise Trainings bekannt geworden. Seine persönlichen Spezialgebiete:

Die Beratung in Fragen des aktiven Verkaufsmanagements und das „Best-Seller-Training" für Vertriebsmitarbeiter/-innen.

Seit 1991 zählt VERWEYEN CONSULTING Training & Coaching GmbH zu den innovativsten Beratungsgesellschaften für verkaufs- und kundenorientierte Personalentwicklung.

Für Anfragen wenden Sie sich bitte an:

VERWEYEN CONSULTING
Training & Coaching GmbH
Großhesseloher Straße 19
81479 München
Telefon: 0 89/7 90 22-45
Telefax: 0 89/7 90 22-44

Die SALES PROFI-Bücher auf einen Blick

Alexander Verweyen
Erfolgreich akquirieren
Mit Direct Mail, Telefon und persönlichem Kontakt neue Kunden gewinnen
1996, 192 Seiten, 48,– DM

Carl Sewell/Paul B. Brown
Kunden fürs Leben
Die Erfolgsformel für mehr Service und Kundenzufriedenheit
1996, 204 Seiten, 58,– DM

Albert Thiele
Professionelle Verkaufspräsentation
Strategien und Techniken für den überzeugenden Auftritt beim Kunden
1996, 172 Seiten, 48,– DM

Horst G. Max
Kunden auf Dauer binden
Wie Hersteller die Beziehungen zum Handel optimieren
1996, 144 Seiten, 38,– DM

Kurt H. Thieme
Das ABC des Selbstmanagements
Von Anti-Streß-Techniken bis Zeitplanung
1995, 124 Seiten, 34,– DM

Kurt H. Thieme
Das ABC des Verkaufserfolgs
Von Abschlußtechnik bis Zuhören
1996, 124 Seiten, 34,– DM

Brian Tracy
Das Gewinner-Prinzip
Wege zur persönlichen Spitzenleistung
1995, 288 Seiten, 68,– DM

Brian Tracy
Verkaufsstrategien für Gewinner
Was erfolgreiche Verkäufer besser machen
1996, 268 Seiten, 68,– DM

Stand der Angaben und Preise: 1.1.1997
Änderungen vorbehalten.

GABLER
BETRIEBSWIRTSCHAFTLICHER VERLAG DR. TH. GABLER GMBH, ABRAHAM-LINCOLN-STRASSE 46, 65189 WIESBADEN

Die SALES PROFI-Bücher auf einen Blick

Dietrich Buchner
Packen Sie's an!
5 Schritte zum Erfolg
1993, 104 Seiten, 34,– DM

Alexander Christiani
Masterplan Erfolg
Persönliche Zielplanung, tägliche Erfolgskontrolle
1997, 232 Seiten, 54,– DM

Nikolaus B. Enkelmann
Power der Verkaufsrethorik
Mit Sprache, Stimme und Persönlichkeit überzeugen
1996, 240 Seiten, 58,– DM

Günter Greff
Telefonverkauf mit noch mehr Power
Kunden gewinnen, betreuen und halten
1996, 232 Seiten, 58,– DM

Martina Junge/ Wolfgang H. C. Junge
Verkaufen mit offenen Ohren
Verhandlungserfolge durch aktives Zuhören
1995, 144 Seiten. 29,80 DM

Norbert A. Klis
Speed Selling
Schneller, schlanker, stärker verkaufen
1994, 128 Seiten, 34,– DM

Manfred Müller-Gransee/ Rolf Wabner
Verkaufserfolge steuern und optimieren
Das Power-Programm für harte Rechner
1994, 116 Seiten, 34,– DM

Kurt-U. Pakoßnick
Vernetztes Verkaufen
Effektives Beziehungsmanagement durch System Selling
1996, 160 Seiten, 48,– DM

David A. Peoples
Selling to the Top
Wie Sie direkt an Entscheidungsträger verkaufen
1995, 188 Seiten, 58,– DM

Ludwig Rosner
Menschenkenntnis für Verkäufer
Die 42 wichtigsten Kunden-Typen besser einschätzen, persönlicher behandeln, individueller betreuen
1994, 156 Seiten, 38,– DM

GABLER
BETRIEBSWIRTSCHAFTLICHER VERLAG DR. TH. GABLER GMBH, ABRAHAM-LINCOLN-STRASSE 46, 65189 WIESBADEN

Weitere Bücher von Wolf W. Lasko

Small talk und Karriere
Mit Erfolg Kontakte knüpfen
ISBN 3-409-19679-X, 1993, 176 Seiten, DM 58,–

Nur wer Small talk sicher und elegant beherrscht, findet auch die richtigen Kanäle zur Spitze und kann sich dort behaupten, wo die Luft dünn ist.

Professionelle Neukundengewinnung
Die 8 Erfolgsstrategien kreativer Verkäufer
ISBN 3-409-19563-7, 1. Auflage 1996, 168 Seiten, DM 58,–

Nur wer systematisch und regelmäßig neue Kunden akquiriert, kann langfristig erfolgreich sein. Acht Strategien für Verkäufer, die ihren Kundenstamm gezielt erweitern wollen.

Charisma
Mehr Erfolg durch persönliche Ausstrahlung
ISBN 3-409-19680-3, 1994, 260 Seiten, DM 68,–

Wer Charisma besitzt, wirkt faszinierend, attraktiv und hat Erfolg. Teils höchst amüsante Tips helfen, die persönliche Ausstrahlung gezielt zu verbessern.

Personal Power
Wie Sie bekommen, was Sie wollen
ISBN 3-409-19699-4, 1995, 216 Seiten, DM 68,–

Wer sich Schritt für Schritt in unbekannte Gebiete wagt und sich von lähmenden Gewohnheiten befreit, kann das Potential seiner Personal Power erkennen und ausschöpfen. Wie, das zeigt dieses faszinierende Buch.

Die Kraft der Faszination
Talente aufspüren, Lebensvisionen entwerfen, Begeisterung erleben
ISBN 3-409-19623-4, 1995, 244 Seiten, DM 68,–

Ein überaus nützlicher Begleiter bei der Entdeckungsreise zu den eigenen Talenten.

Zu beziehen über den Buchhandel oder den Verlag.
Stand der Angaben und Preise: 1.1.1997.
Änderungen vorbehalten.

GABLER
BETRIEBSWIRTSCHAFTLICHER VERLAG DR. TH. GABLER GMBH, ABRAHAM-LINCOLN-STRASSE 46, 65189 WIESBADEN

MIX
Papier aus verantwortungsvollen Quellen
Paper from responsible sources
FSC® C105338

If you have any concerns about our products,
you can contact us on
ProductSafety@springernature.com

In case Publisher is established outside the EU,
the EU authorized representative is:
**Springer Nature Customer Service Center GmbH
Europaplatz 3, 69115 Heidelberg, Germany**

Printed by Libri Plureos GmbH
in Hamburg, Germany